Logisch! neu

Deutsch für Jugendliche

Intensivtrainer B1

von
Sarah Fleer und Paul Rusch

Ernst Klett Sprachen

Stuttgart

Von
Sarah Fleer und Paul Rusch

Redaktion:
Sabine Franke in Zusammenarbeit mit Annerose Bergmann

Projektleitung:
Angela Kilimann

Gestaltungskonzept und Layout:
Andrea Pfeifer

Umschlaggestaltung:
Andrea Pfeifer

Zeichnungen:
Anette Kannenberg

Satz und Litho:
Satz & mehr, Besigheim

Bildnachweise:
S. 14 Lena aus Wandsbek: Jack Hollingsworth – Thinkstock, München; Tangstedt: Zoonar RF – Thinkstock, München;
S. 24 Dieter Mayr; S. 34 kuzmafoto – Shutterstock, New York; S. 40 RollingEarth – iStockphoto, Calgary, Alberta;
S. 42 Masson – shutterstock, New York

Logisch! neu – B1 – Materialien	
Kursbuch B1 mit Audios zum Download	605221
Arbeitsbuch B1 mit Audios zum Download	605222
Lehrerhandbuch B1	605227
Intensivtrainer B1	605228
Testheft B1 mit 2 Audio-CDs	605229
Logisch! neu digital B1 mit interaktiven Tafelbildern	605230

Besuchen Sie uns auch im Internet:
www.klett-sprachen.de
www.klett-sprachen.de/logisch-neu

1. Auflage   1 ³ ² ¹ | 2020 19 18

Druck und Bindung: DRUCKEREI PLENK GmbH & Co. KG, Berchtesgaden
Printed in Germany

ISBN 978-3-12-**605228**-3

MIX
Papier aus verantwor-
tungsvollen Quellen
FSC® C084279

Logisch! neu B1 – Inhalt

1 Was ist los?

1 (→ KB 1–3) **Welcher Hauptsatz ist richtig und passt? Sortiere die Sätze in die Tabelle.**

..., dann sie ist nicht fit.
..., dann ist sie nicht fit.

..., er muss vorher viel üben.
..., muss er vorher viel üben. ✓

..., er geht zum Skaterplatz.
..., geht er zum Skaterplatz.

..., dann sie will über den Film reden.
..., dann will sie über den Film reden.

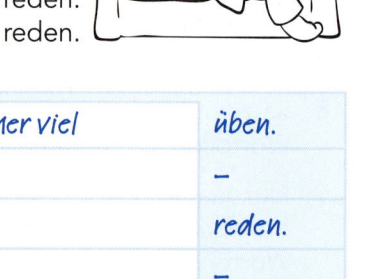

Nebensatz	Pos. 0	Verb		Satzende
1. Wenn David Probe im Orchester hat,	–	*muss*	*er vorher viel*	*üben.*
2. Wenn Niklas Stress in der Schule hat,	–			–
3. Wenn Kira einen Film-Abend macht,	*dann*	*will*		*reden.*
4. Wenn Nina keinen Sport macht,				–
	Pos. 0	**Verb**	**Hauptsatz**	**Satzende**

2 (→ KB 1–3) **a Was passt zusammen? Verbinde.**

wenn

1. David – ein Konzert haben
2. Nina – sehr viel trainieren
3. Kira – ihre Freundinnen treffen
4. Niklas – einen neuen Trick können
5. die Schüler – in der Schule Spaß haben

dann

A alle sehr viel reden wollen
B besonders viel üben müssen
C ihn seinen Kumpels zeigen wollen
D besser und schneller lernen
E sehr müde sein

b Schreib Sätze. Beginne mit dem *wenn*-Satz.

1. Wenn David ein Konzert hat,	*dann*	*muss*	*er besonders viel*	*üben.*
2.				
3.				
4.				
5.				

3 (→ KB 1–3) Schreib die Sätze fertig.

1. Weil Emma kein Geld hat,

   kann sie die DVD nicht kaufen.

   (sie / die DVD / nicht kaufen / können)

2. Wenn ich mittags nichts esse,

   _____

   (ich / am Abend / total hungrig / sein)

3. Dass wir heute einen Test schreiben,

   _____

   (ich / nicht / gewusst / haben)

4. Weil das Wetter so schön ist,

   _____

   (Niklas / mit Freunden / schwimmen / gehen)

5. Wenn ich mit einem Freund zusammen lerne,

   _____

   (dann / wir / viel / Spaß / haben)

6. Dass du mit mir aufs Stadtfest gehst,

   _____

   (ich / toll / finden)

4 (→ KB 5–6) Was bedeutet das? Welcher Ausdruck passt? Kreuze an.

1. Am Sonntag würden wir gern lang schlafen.
   - ☐ A Am Sonntag können wir lang schlafen.
   - ☒ B Am Sonntag möchten wir lang schlafen.

2. Ich hätte Lust auf einen Film. Du auch?
   - ☐ A Ich wollte einen Film sehen. Du auch?
   - ☐ B Ich möchte einen Film sehen. Du auch?

3. Würde dir das Festival Spaß machen?
   - ☐ A Hast du Lust auf das Festival?
   - ☐ B Hat dir das Festival Spaß gemacht?

4. Ich hätte am Donnerstag Zeit. Du auch?
   - ☐ A Am Donnerstag habe ich Zeit.
   - ☐ B Am Donnerstag hatte ich Zeit.

5. Würdest du gern zum Konzert mitkommen?
   - ☐ A Kannst du zum Konzert mitkommen?
   - ☐ B Möchtest du zum Konzert mitkommen?

b Schreib die Formen in die Tabelle.

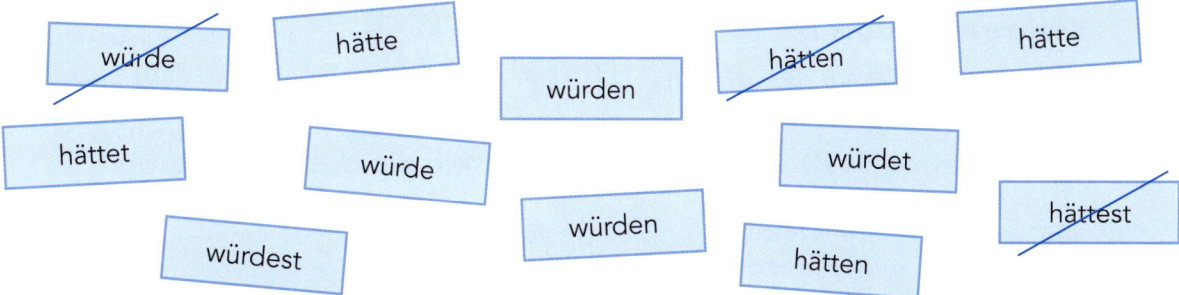

würde hätte würden hätten hätte hättet würde würdet würdest würden hättest hätten

	würde	hätte
ich	*würde*	
du		*hättest*
er/es/sie		

	würde	hätte
wir		*hätten*
ihr		
sie/Sie		

1

5 (→ KB 5–6) **a Vorschläge machen: Ergänze *würde* oder *hätte*. Achte auf
die richtige Form.**

1. ● Was machen wir? __Hättest_____ du Lust auf Klettern?

   ○ Oh ja, das _____ ich gerne machen.

2. ● Mein Bruder und ich gehen skaten. _____ du gern mitkommen?

   ○ Oh ja, ich _____ große Lust. Aber ich habe einen Termin beim Zahnarzt.

3. ● Ich _____ gern ins Kino gehen.

   ○ Das können wir heute Abend machen. Ich _____ jetzt lieber schwimmen gehen.

4. ● Wir _____ gern mit euch grillen. Heute Abend _____ wir Zeit. Und ihr?

b Mach Vorschläge. Schreib Sätze mit *hätte* oder *würde*.

1. Wir gehen schwimmen. (du / gern / mitkommen / ?)   *Würdest du gern mitkommen?*

2. Wir gehen aufs Stadtfest. (Lust / haben / auch / ihr / ?)   _____

3. Die neue Kletterhalle ist toll. (du / auch gern / klettern / gehen / ?)   _____

   _____

4. Ich gehe morgen zum Flohmarkt. (Zeit / haben / du / auch / ?)   _____

5. Im Stadtpark gibt es eine Disco. (ihr / gern / hingehen / ?)   _____

6 (→ KB 7) **a Ein neuer Schüler hat viele Fragen. Ordne die Antworten zu.**

1. _D_ Ich möchte wissen, wann die Schule anfängt.

2. ___ Ich weiß nicht, wann der Bus abfährt.

3. ___ Mich interessiert, was die anderen anziehen.

4. ___ Ich bin neugierig, wie die Schule aussieht.

5. ___ Weißt du, was man für die Sportstunde mitnimmt?

A Bei uns zieht jeder an, was er will.

B Unsere Schule sieht sehr alt aus.

C Nimm einfach deine Sporthose,
Sportschuhe und ein T-Shirt mit.

D Wir fangen früh an, um 7.50 Uhr!

F Der Schulbus fährt um 7.25 Uhr ab.

**b Markiere das Verb im Fragesatz und in der Antwort. Wie heißt die Regel?
Kreuze an: A oder B.**

Im Nebensatz steht das trennbare Verb ☐A auf Position 2 und am Satzende.   ☐B am Satzende.

7 (→ KB 7) **Was weißt du über die Person? Schreib die *dass*-Sätze fertig.**

Kennzeichen
~~steht nicht gern auf~~
fährt meistens zu
   spät los
zieht immer Jeans an
nimmt oft eine
   Gitarre mit
spielt gern Lieder vor

Wir wissen, ...

dass er nicht gern aufsteht.

dass er _____

dass _____

dass _____

dass _____

8 (→ KB 9) **Was ist richtig? Kreuze an.**

1. Keiko freut sich ☒ auf ☐ für ihr Jahr in Deutschland.

2. Die Klasse wartet gespannt ☐ über ☐ auf die neue Mitschülerin.

3. Keiko interessiert sich ☐ über ☐ für das Leben in Deutschland.

4. In der Nacht träumt sie ☐ von ☐ über ihrer Reise.

5. Am Morgen erzählt sie ihren Eltern ☐ von ☐ an ihrem Traum.

6. In der Schule redet sie ☐ über ☐ für ihre Pläne.

9 (→ KB 9) **Welche Präposition passt? Ergänze die Sätze. Achte auf den richtigen Artikel.**

1. Isabell redet oft _von der Zeit_ (die Zeit) nach der Schule.

2. Sie träumt _____ (eine Karriere) als Musikerin.

3. Sie erzählt oft _____ (das Konzert) mit ihrem Lieblingsorchester.

4. Michael freut sich _____ (die Reise) nach Berlin.

5. Er interessiert sich _____ (die Geschichte) der Stadt.

Wortbildung – Infinitiv als Substantiv: *das Laufen*

10 a **Unterstreiche in den Forumsbeiträgen die Verben aus dem Kasten.
Was ist anders? Markiere.**

> ~~abhängen~~ • entspannen • essen • fernsehen • lernen • lernen •
> quatschen • quatschen • skaten • skaten • trainieren

Tomtom15	Nach der Schule brauche ich das <u>Abhängen</u> mit Freunden. Wir treffen uns ja nicht nur zum Skaten, das Quatschen ist genauso wichtig. Danach gehe ich nach Hause. Den Abend verbringe ich dann mit Essen, Fernsehen und Lernen.
HannaHa	Cool, wie du das machst. Aber ich muss immer gleich mit dem Lernen anfangen, denn später am Abend mag ich nicht mehr. Fürs Skaten hab ich keine Zeit.
Doppelaxel16	Also, ich gehe nach der Schule direkt ins Training: Handball und Schwimmen. Das Trainieren hilft mir beim Entspannen. Im Quatschen bin ich trotzdem gut ;-) GG

b **Was passt für dich? Wähl aus oder notiere ein anderes Verb. Ergänze dann
den Satz mit dem Infinitiv als Substantiv.**

1. lernen/trainieren/_joggen_   Mir macht das _Joggen_ alleine keinen Spaß.

2. campen/schwimmen/_____   Ich finde, das _____ mit euch war super.

3. aufräumen/putzen/_____   Ich habe heute keine Lust zum _____.

4. laufen/arbeiten/_____   Ich war total müde vom _____.

5. schreiben/lesen/_____   Endlich bin ich mit dem _____ fertig.

6. shoppen/quatschen/_____   Wir hatten viel Spaß beim _____.

2

Ich bin neu hier.

1 (→ KB 1–3) **a Der Relativsatz erklärt ein Wort im Hauptsatz. Welches? Markiere.**

1. Ist das <u>der Schüler</u>, <u>der letztes Jahr bei uns war</u>?

3. Das sind <u>die Mädchen</u>, <u>die sich auf die Gastschülerin freuen</u>.

2. Das ist <u>das Mädchen</u>, <u>das viel über Japan weiß</u>.

4. Das ist <u>die Schülerin</u>, <u>die bald in Pias Klasse geht</u>.

b Markiere die Relativpronomen in den Sätzen aus 1a. Ergänze dann die Tabelle.

Relativpro-nomen im Nominativ	der Schüler	die Schülerin	das Mädchen	die Mädchen (Pl.)
	der			

2 (→ KB 1–3) **a Welche Sätze passen zusammen? Notiere.**

1. <u>C</u> Herr Bäumler ist der Hausmeister.
2. ___ Wir grüßen den Hausmeister.
3. ___ Das ist mein Chemiebuch.
4. ___ Ich kaufe ein deutsches Buch.
5. ___ Das ist die Lehrerin.
6. ___ Wir mögen die Lehrer.

A Sie haben immer gute Laune.
B Ich brauche es für den Test.
C Er repariert die kaputte Tafel.
D Sie kommt immer mit dem Motorrad.
E Er ist in der Schule sehr beliebt.
F Wir lesen es im Deutschunterricht.

b Mach aus den Sätzen in 2a Relativsätze und schreib sie in die Tabelle.

	Relativpronomen	Relativsatz	Satzende: Verb
1. *Herr Bäumler ist der Hausmeister,*	*der*	*die kaputte Tafel*	*repariert.*
2.			
3.			
4.			
5.			
6.			
Hauptsatz			

3 (→ KB 1–3) **Erkläre die Wörter mit einem Relativsatz.**

> nur die neuste Kleidung tragen • aus Japan kommen • ~~ein Jahr in einem anderen Land zur Schule gehen~~ • keine Geschwister haben

1. Ein Austauschschüler ist ein Schüler, *der ein Jahr in einem anderen Land zur Schule geht*_____.

2. J-Pop ist die Popmusik, _____.

3. Ein Einzelkind ist ein Kind, _____.

4. Mode-Tussis sind Mädchen, _____.

4 (→ KB 4–5) **a Das findet Manuel gut. Markiere die Relativsätze.**

1. Carmen und Darío sind Alejandros Cousins, die ich sehr gern mag.

3. Cádiz ist eine Stadt, die ich sehr interessant finde.

2. Churros ist ein Gebäck, das ich total gern esse.

4. Das ist mein Gastvater, den ich total nett finde.

	Relativpronomen im Akkusativ
der Gastvater	
die Stadt	
das Gebäck	*das*
die Cousins	

b Ergänze die Relativpronomen aus 4a in der Tabelle.

5 (→ KB 4–5) **Nominativ oder Akkusativ? Ergänze die Relativpronomen.**

1. Das ist unsere Schule, _*die*___ über 500 Schüler besuchen.   2. Ist das der Test, _____ ihr gestern geschrieben habt?   3. Erklärst du mir die Matheaufgaben, _____ so schwierig sind?   4. Magst du den neuen Schüler, _____ aus Korea kommt?   5. Gefällt dir der Blog, _____ Manuel in seinem Austauschjahr in Spanien geschrieben hat?   6. Kennst du schon die Fotos, _____ er gemacht hat?   7. Wie heißt das spanische Gebäck, _____ Manuel so gerne isst?

6 (→ KB 4–5) **Schreib Relativsätze im Akkusativ. Welches Wort wird Relativpronomen?**

1. ● Wo ist der Stift, *den ich vor einer Minute benutzt habe?*_____
(ich / ⓘhn / vor einer Minute / benutzt haben / ?)

2. ○ Er liegt in dem Buch, _____
(du / es / gerade / in die Tasche / getan haben / .)

3. ● Wer ist der Mann, _____
(der Hausmeister / ihn / ins Lehrerzimmer / bringen / ?)

4. ○ Das ist der neue Lehrer, _____
(die Klasse 9c / ihn / in Mathe haben / .)

5. ● Was machst du mit den Modeprospekten, _____
(die Austauschschülerin / sie / aus Japan / mitbringen / ?)

2

7 (→ KB 6, 8) **Markiere die Formen von *sollte* und *wäre*.**
Ergänze dann die Tabelle.

1. Ich wäre gern die Beste in der Klasse!

2. Marco ist neu. Er sollte sich schnell Freunde suchen.

3. Ihr seid sehr langsam, aber ihr wärt gern viel schneller.

4. Wärst du jetzt auch gern in Spanien am Strand?

5. Er hat braune Haare, aber er wäre lieber blond.

6. Wenn du krank bist, dann solltest du zum Arzt gehen.

7. Ihr solltet früh ins Bett gehen, wenn ihr müde seid.

	wäre	sollte
ich	*wäre*	sollte
du		
er/es/sie		
wir	wären	sollten
ihr		
sie/Sie	wären	sollten

8 (→ KB 6) **Schreib Sätze mit *sollte*.**

> sich endlich einen Job suchen • ~~mehr lernen~~ • schnell Leute kennenlernen •
> die Geldkarten mitnehmen • einen Schüleraustausch machen • die Freizeitangebote lesen

1. Ich habe eine Fünf in Physik. _Ich sollte mehr lernen._

2. Tim will nach Amerika. _Er _____

3. Ihr langweilt euch. _____

4. Du bist neu in der Stadt. _____

5. Kim und Jonas sind immer pleite. _____

6. Wir gehen in die Cafeteria. _____

9 (→ KB 6, 8) ***wäre* oder *sollte*? Ergänze in der richtigen Form.**

1. Nico findet den Winter in Europa doof. Er __wäre__ jetzt lieber auf Hawaii.

2. Wahrscheinlich _____ du gern so bekannt wie Dirk Nowitzki, oder?

3. Betti und Lisa _____ sich heute gut eincremen. Die Sonne scheint bei 35 Grad!

4. Wir sind total müde, aber wir _____ gern topfit.

5. Hast du Hunger? Du _____ diese Churros probieren. Lecker!

6. Wenn ihr müde seid, _____ ihr mittags Siesta machen.

10 (→ KB 8–9) **a Keiko träumt. Welche Sätze passen zusammen?**

1. Wenn ich in Japan wäre, …

2. Wenn neben Nadja ein Platz frei wäre, …

3. Wenn ich eine Geldkarte hätte, …

A Ich würde in der Cafeteria ein Brötchen kaufen.

B Ich würde eine Schuluniform tragen.

C Ich würde neben ihr sitzen.

b Mach aus den Sätzen aus 10a irreale *wenn*-Sätze und ergänze die Tabelle.

Nebensatz	Verb	Verb	Hauptsatz	Satzende
Wenn ich in Japan	wäre,	würde	ich eine Schuluniform	tragen.
Wenn neben		*würde*		*sitzen.*
	hätte,		*ich*	*kaufen.*

11 (→ KB 8–9) **Wähl eine Antwort aus und beantworte die Frage.**

1. Was würdest du machen, wenn eine Gastschülerin in deine Klasse kommen würde?

☒ Deutsch mit ihr sprechen   B mit ihr meine Muttersprache sprechen

Wenn eine Gastschülerin in meine Klasse kommen würde, _würde ich Deutsch mit ihr sprechen._

2. Was würdest du machen, wenn dein bester Freund in einem anderen Land leben würde?

A jeden Tag mir ihm skypen   B ein Austauschjahr dort machen

Wenn mein bester Freund in einem anderen Land leben würde, _____

Wortbildung – Komposita aus zwei Nomen: *die Geldkarte*

12 a Bilde sechs Wörter wie im Beispiel und schreib sie mit Artikel.

der Weltraum, _____

b Bilde Komposita. Schreib auch den Artikel. Manche Wörter kannst du mehrmals verwenden. Kennst du noch mehr Wörter?

~~der Schüler~~ • die Mutter • das Jahr • das Land • die Tüte •
der Bruder • die Uniform • die Familie • die Tasche

der Austauschschüler   *der Gastschüler*

Schul-   Austausch-   Gast-

3 Wohnwelten

1 (→ KB 2) **a Sieh das Bild an. Welche Sätze sind richtig? Notiere.**

1. Alle Spieler tragen den Jungen mit dem Pokal.
2. Einige Spieler tragen eine Sonnenbrille.
3. Viele Spieler tragen kurze Hosen.
4. Wenige Spieler haben dunkle Haare.
5. Einige Spieler haben einen Ball.
6. Alle Spieler spielen ohne Schuhe.
7. Viele Spieler haben eine Flasche.
8. Wenige Spieler tragen eine Kappe.

Die Sätze _2,_____ sind richtig.

b Schreib noch die unbestimmten Zahlwörter *viele*, *einige* und *wenige* in den Pfeil.

100 % *alle*_____ _____ _____ _____ *kein(e)* 0 %

2 (→ KB 2) **a Ergänze *alle, viele, einige, wenige* oder *keine*.**

15 4-Zimmer Wohnungen

12 Familien + 2 alte Frauen + 1 Student

5 Familien mit Katze

1 alte Frau mit 2 Hunden

30 Fahrräder

4 Freunde

0 Autos im Hof

1. Es gibt 15 Wohnungen, _alle_____ haben vier Zimmer.
2. Im Haus wohnen _____ Familien.
3. Es gibt im Haus auch _____ Katzen.
4. Aber es gibt nur _____ Hunde.
5. Im Hof stehen _____ Fahrräder.
6. Ich wohne noch nicht lange hier, aber ich habe schon _____ Freunde gefunden.
7. Im Hof kann man gut spielen, weil dort _____ Autos stehen.

b -e oder -en? Ergänze die richtigen Endungen.

Daniel lebt in einem kleinen Dorf. Er kennt fast all_e_ (1) Leute, die dort leben. Aber es gibt nur wenig___ (2) Jugendliche, die gleich alt sind wie er. Jeden Tag fährt er einig___ (3) Kilometer in die Stadt zur Schule. Deshalb hat er viel___ (4) Freunde, die in der Stadt wohnen. Mit einig___ Freunden (5) geht er am Wochenende in der Stadt aus. Seinen Geburtstag hat er aber mit all___ (6) Freunden zu Hause im Dorf gefeiert. „Meinen Kumpels aus der Stadt hat es dort gut gefallen", sagt Daniel. Trotzdem möchte er lieber in der Stadt leben. „In einig___ (7) Jahren lebe ich nicht mehr hier".

3 (→ KB 3–4) **a Ergänze in der Mitte die passenden Fragewörter.**

1. Vor Pias Haus ist eine Straße.
Dort fahren nur wenige Autos.

_Wo_ fahren nur wenige Autos?

Das ist eine Straße, _wo nur_ _wenige Autos fahren._

2. Nadja wohnt auch nicht weit weg.
Sie ist Pias beste Freundin.

_____ ist Pias beste Freundin?

Das ist Nadja, _____

3. Es ist auch nicht weit zum Park.
Plato mag diesen Park sehr gern.

_____ mag Plato sehr gern?

Das ist der Park, _____

4. In der Nähe ist ein Jugendzentrum.
Die Freunde haben es renoviert.

_____ haben die Freunde renoviert?

Das ist das Jugendzentrum, ___

5. Es ist nicht weit bis zur Bushaltestelle.
Dort wartet Pia oft.

_____ wartet Pia ziemlich oft?

Das ist die Bushaltestelle, ____

b Welcher Relativsatz passt in 3a rechts? Ergänze.

den Plato sehr gern mag • wo Pia ziemlich oft wartet • die Pias beste Freundin ist •
~~wo nur wenige Autos fahren~~ • das die Freunde renoviert haben

**c Vergleiche in 3a: Welche Relativsätze ersetzen einen Hauptsatz mit _Dort_ … ?
Welches Relativpronomen wird verwendet? Ergänze.**

Hauptsatz mit _Dort_ … : Sätze _1,_ _____   Relativpronomen: _____

4 (→ KB 3–4) **Dort kann Plato … Schreib Relativsätze mit wo.**

Plato ist glücklich. Er hat …

1. … einen Platz zum Fressen.
2. … ein Sofa zum Schlafen.
3. … eine Wiese zum Spielen.
4. … Bäume zum Schnuppern.

Plato hat …

… einen Platz, _wo er fressen_ kann.

… ein Sofa, _____.

… eine Wiese, _____.

… Bäume, _____.

5 (→ KB 3–4) **Schreib Relativsätze über die Wohnorte von Mara und Elias.**

1. Mara wohnt in einem Vorort, _wo es nur wenige Geschäfte gibt._
(es / nur wenige Geschäfte / geben)

2. Aber es gibt ein nettes Café, _____
(sie / mit ihren Freundinnen / Eis essen / können)

3. Mara hätte gern einen See in der Nähe, _____
(sie / im Sommer / schwimmen / können)

4. Elias wohnt im Zentrum, _____
(er / viele Freizeitmöglichkeiten / haben)

5. Er hätte gern einen Sportverein in der Nähe, _____
(er / Fußball spielen / können)

6 (→ KB 3–4) Relativpronomen *der, das, die* oder *wo*? Ergänze.

Wandsbek ist ein Stadtteil von Hamburg, __*wo*__ (1) immer etwas los ist. Lena lebt in einer Wohnung, _____ (2) für die Familie zu klein ist. Sie hat ein Zimmer, _____ (3) sie mit ihrer Schwester teilen muss. Aber Wandsbek ist ein Ort, _____ (4) man kein Auto braucht. Es gibt Busse, U- und S-Bahnen, _____ (5) am Wochenende auch die ganze Nacht fahren.

Tangstedt ist ein Vorort, _____ (6) im Norden von Hamburg liegt. Die meisten Leute fahren am Morgen nach Hamburg, _____ (7) sie arbeiten oder in die Schule gehen. Am Abend gibt es nur wenig Busse, _____ (8) nach Tangstedt fahren.

7 (→ KB 7) Welcher Satz passt? Ordne zu und ergänze *irgendwer, irgendwie, ...*

> *A Bestimmt ist irgendwas passiert.*

> *B Es liegt sicher irgendwo in deinem Zimmer.*

> *C Noch nicht! Aber irgendwie schaffen wir das!*

> *D Irgendwann nächste Woche, wenn ich mehr Zeit habe.*

> *E Kann mir irgendwer sein Heft geben?*

1. Ich brauche die Mathe-Hausaufgabe.   _E_   __irgendwer__

2. Was ist los? Warum sind alle so nervös?   __ _____

3. Wo ist das blöde Handy?   __ _____

4. Wann räumst du endlich das Zimmer auf?   __ _____

5. Wie lösen wir das Problem? Hast du eine Idee?   __ _____

8 (→ KB 7) Welches unbestimmte Pronomen fehlt? Ergänze die Sätze.

1. Dein Schülerausweis muss __*irgendwo*_____ in deinem Zimmer sein.

2. Hat _____ meine Tasche gesehen?

3. Warum müssen wir noch mal zurück? Hast du _____ vergessen?

4. Wirst du _____ nächste Woche fertig?

5. Ich habe das _____ gelesen, ich glaube, es war im Internet.

6. Mathe finde ich nicht so schwer. Aber diese Aufgabe ist _____ total schwierig.

7. Ich kann heute leider nicht. Wir treffen uns _____, wenn ich mehr Zeit habe.

8. Hat _____ eine Idee, was Frau Pfeifer in der Prüfung fragt?

9 (→ KB 8) **Welche Form ist richtig? Kreuze an.**

1. ● Wer hat das gesagt? – ○ [A] Irgendein [X] Irgendeine Lehrerin von unserer Schule.

2. ● Was schenkst du deiner Mutter? – ○ [A] Irgendein [B] Irgendeine Buch.

3. ● Was für Musik möchtest du hören? – ○ Egal, [A] irgendeine [B] irgendeinen CD.

4. ● Was brauchst du für die Reise? – ○ Ach, [A] irgendwelchen [B] irgendwelche T-Shirts.

5. ● Was möchtest du trinken? – ○ Am liebsten [A] irgendeinen [B] irgendeinem Saft.

6. ● Von wem hast du das bekommen? – ○ Von [A] irgendeiner [B] irgendeinem Mitschüler.

7. ● Wohin geht ihr? – ○ In [A] irgendein [B] irgendeinen Café.

10 (→ KB 8) **Ergänze die richtige Form von *irgendein-, irgendwelch-*.**

1. ● Was hört er gerade? – ○ _Irgendeinen_ Song von Shakira.

2. ● Wo hast du das gekauft? – ○ In _____ Klamottenladen im Zentrum.

3. ● Wohin gehen wir? – ○ In _____ Pizzeria.

4. ● Was machst du im Sommer? – ○ Ich suche mir _____ Job. Ich brauche Geld.

5. ● Was macht ihr in Mathe? – ○ Ach, immer _____ Aufgaben.

6. ● Was siehst du gerade im Fernsehen? – ○ _____ komischen Film.

7. ● Kann ich dir helfen? Hast du _____ Probleme? – ○ Nein, nein. Alles klar.

Wortbildung – Substantive aus Verben: *der Läufer, die Läuferin*

11 a Was machen die Personen? Ergänze das passende Verb.

1. Der Chef hat einen Fahrer. Er _fährt_ den Chef zu allen wichtigen Terminen.

2. Claudia ist eine gute Läuferin. Sie ist auch als Kind schon gern _____.

3. Die Zeitung hat viele Leser, zwei Millionen Menschen _____ das Blatt jeden Tag.

4. Drei glückliche Gewinnerinnen! Nadja Reinhard, Judith Manske und Sibylle Mattusek haben
   eine Reise an die Ostsee _____.

b Wähl ein passendes Verb und ergänze das Substantiv auf -er, -erin oder -erinnen.

1. Sie spricht die Nachrichten im Fernsehen: _die Sprecherin_.

2. Der Kurs war toll. Das sagten alle _____.

3. Ich hatte meinen Schlüssel verloren. Die _____ hat ihn
   beim Hausmeister abgegeben.

4. Das Telefon ist kaputt, ich konnte den _____ nicht verstehen.

5. Hast du morgen Zeit? Wir brauchen noch einen _____
   bei der Renovierung.

6. Schlechtes Ergebnis für die österreichische Frauenmannschaft: Die _____
   sind sehr traurig.

> anrufen •
> finden •
> helfen •
> ~~sprechen~~ •
> teilnehmen •
> verlieren

4 # Medien und Werbung

1 (→ KB 2) **a Sieh das Bild an und ergänze die Sätze mit den Substantiven im Genitiv.**

> des Zauberers • eines Monsters • ~~des Jahres~~ • einer Prinzessin • der Bauern • des Königs

○ Hey, Sarah!

● Hallo Tim! Du, ich habe ein Problem: Ich spiele gerade das neue Spiel _des Jahres_ (1)
und weiß nicht, was ich jetzt machen soll.

○ Wo bist du denn gerade?

● Auf Level 3. Also, ich bin Prinz Andu. Zuerst habe ich nur die scharfen Zähne

_____ (2) gesehen. Es wollte den König fressen und ich habe ihn gerettet.

Er liegt jetzt auf dem Boden. Der Arm _____ (3) ist verletzt. Die Prinzessin

ist auch da. Sie ist weggelaufen, aber die Kleider _____ (4) sind ja immer so

lang und jetzt fällt sie hin. Ich kämpfe mit dem Monster. Die Bauern haben sich im Wald versteckt.

Die Gesichter _____ (5) sind ganz bleich, denn sie haben große Angst.

○ Und wo ist der böse Zauberer?

● Ach ja, da kommt er! Das Pferd _____ (6) ist ja superschnell. Hilfe,

was soll ich jetzt tun? Er hebt schon seinen Zauberstab hoch.

○ Du musst dich beeilen und …

b Ergänze die Tabelle und markiere Artikel und Endungen im Genitiv.

	Genitiv		
der / ein Zauberer		eines	Zauberers
das / ein Monster	des	eines	Monsters
die / eine Prinzessin	der		
die / – Bauern		–	Bauern

2 (→ KB 2) Nominativ, Akkusativ oder Dativ mit Genitiv? Ergänze die Sätze.

1. Ich habe schon _alle Level des Spiels_____ (alle Level / das Spiel) geschafft.

2. Prinz Andu hat _____ (die Bewohner / das Land Andela) gerettet.

3. Weil das Monster nicht mehr lebt, ist _____ (die Angst / die Bauern) weg.

4. Mit _____ (die Hilfe / ein Trick) konnte er gegen den Zauberer gewinnen.

5. Prinz Andu darf jetzt _____ (die Tochter / der König) heiraten.

6. Alle Bewohner Andelas wollen _____ (der Retter / die Prinzessin) danken.

3 Sind das Sarahs, Jonas' oder Felix' Sachen? Schreib die Antworten mit den Personen im Genitiv.

1. Gehört das Computerspiel Sarah? – _Nein, das ist nicht Sarahs Spiel._____

2. Hast du das Handy von Lukas gesehen? – _Nein, ich habe Lukas' Handy nicht gesehen.___

3. Ist das der MP3-Player von Lisa? – _Ja,_____

4. Leihst du die Kamera von Felix aus? – _Ja,_____

5. Sind die Kopfhörer von Martin kaputt? – _Nein,_____

6. Gefällt dir der Laptop von Jonas? – _Ja,_____

4 (→ KB 4–5) a Was passt zusammen? Notiere.

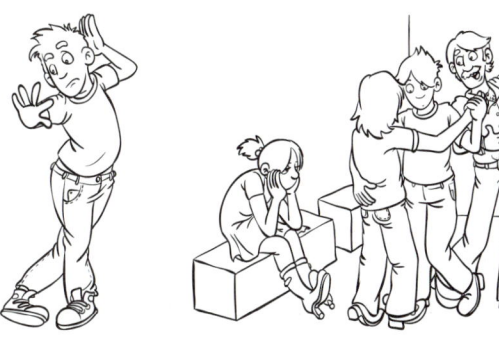

1. Es ist unmöglich, _C_

2. Eva hat keine Lust, ____

3. Tom hat angefangen, ____

4. Es macht Spaß, ____

A beim Tanzkurs mitzumachen.

B mit Freunden Musikvideos anzusehen.

C ~~genau wie Michael Jackson zu tanzen.~~

D beim Joggen Techno zu hören.

b Schreib die Sätze aus 4a in die Tabelle.

1. Es ist unmöglich,	genau wie Michael Jackson	zu tanzen.
2.		
3.		
4.		
Hauptsatz		**Infinitiv mit *zu***

4

5 (→ KB 4–5) a Trennbar oder nicht trennbar? Sortiere die Infinitive mit *zu* in die Tabelle.

trennbare Verben		andere Verben	
Infinitiv mit *zu*	Infinitiv	Infinitiv mit *zu*	Infinitiv
aufzunehmen	*aufnehmen*	*zu üben*	*üben*

> aufzunehmen •
> zu üben •
> zu verlieren •
> auszuprobieren •
> vorzubereiten •
> zu benutzen

b Was ist richtig? Kreuze an.

1. Es macht Spaß, sich einen Werbespot fürs Radio ☒ auszudenken. ☐ zu ausdenken.
2. Man hat nicht viel Zeit, etwas über das Produkt ☐ erzählen. ☐ zu erzählen.
3. Es ist möglich, Musik und Slogans ☐ verzubinden. ☐ zu verbinden.
4. Der Hörer soll Lust haben, das Produkt ☐ kennenzulernen. ☐ zu kennenlernen.
5. Es ist ganz leicht, einen Spot mit dem Handy ☐ aufzunehmen. ☐ aufnehmen.

6 (→ KB 4–5) a Welches Verb passt? Verbinde.

1. Du hast die Möglichkeit, das Spiel im Internet mit anderen   A mitzunehmen.
2. Es ist schwer, den ganzen Tag keine Medien   B zu üben.
3. Ich habe Angst, meinen MP3-Player   C auszuprobieren.
4. Ich finde es super, abends im Internet Radio   D zu benutzen.
5. Ich versuche, immer neue Spiele   E zu spielen.
6. Es ist mir wichtig, jeden Mittwoch mit meiner Band   F zu hören.
7. Ich habe vergessen, meine Schulbücher in die Schule   G zu verlieren.

b Nach welchen Wörtern und Ausdrücken in 5b und 6a steht der Infinitiv mit *zu*? Sortier sie in die Tabelle.

Adjektiv	Nomen	Verben
schwer sein	*die Möglichkeit haben*	*versuchen*

7 (→ KB 4–5) Schreib die Sätze neu. Verwende den Infinitiv mit *zu*.

1. Ich finde es schrecklich, dass ~~ich~~ so ein altes Handy habe.
   Ich finde es schrecklich, so ein altes Handy zu haben.

2. Wir wollen einen Film anschauen. Aber Silja hat keine Lust.
   Silja hat

3. Es ist wichtig, dass wir Informatik in der Schule haben.
   _____

Wortbildung – trennbare Verben

8 **a Ergänze die Sätze. Wie heißen die Infinitive?**

~~aus~~ • an • an • ein • weiter • vorbei • ein

1. Charly probiert ihr neues Computerspiel _aus_. – _ausprobieren_

2. Charly kommt mit ihrem neuen Spiel nicht _____. – _____

3. Sie ruft ihren großen Cousin Leo _____. – _____

4. Mit der rechten Hand gibt sie Leos Nummer _____. – _____

5. Mit der linken Hand legt sie die CD _____. – _____

6. Leo hat das Spiel auch und sieht es sich auf seinem Bildschirm _____. – _____

7. Leo kommt bei Charly _____, wenn Charly noch Probleme hat. – _____.

b Schreib Anweisungen mit dem Imperativ.

1. euer Lieblingsspiel vorstellen (→ ihr) _Stellt euer Lieblingsspiel vor!_

2. deine eigene Welt aufbauen (→ du) _Bau deine_ _____

3. bitte die Spielregeln vorlesen (→ du) _____

4. einen Handyvertrag abschließen (→ Sie) _Schließen Sie_ _____

5. bitte den Vertrag mitbringen (→ du) _____

6. das Handy zurückbringen (→ Sie) _____

c Ergänze die Tabelle mit den Verben aus 7a und b. Schreib noch fünf weitere Verben dazu.

an-	ab-	aus-	auf-	ein-
		ausprobieren		

mit-	vor-	vorbei-	zurück-	weiter-

5

Das ist mir wichtig.

1 (→ KB 5–6) **a Lies die Sätze. Sortiere die Adjektive in die Tabelle.**

~~Das rote Kleid ist super!~~   ~~Siehst du den grünen Pulli?~~

Wie findest du die blauen Stiefel?

Wie gefällt dir die blaue Jacke?

Wahnsinn! Die grauen Stiefel kosten 129 €.   Ich finde die braune Jacke nicht schön.

Der Rock neben dem weißen Kleid sieht gut aus.

Iiiih! Die Farbe von den hohen Stiefeln ist total hässlich.   Die Hose mit dem schwarzen Pulli ist super!

Schau da, die Jeans mit der weißen Jacke. Stark!   Am coolsten finde ich das schwarze Kleid.

Ja, und der blaue Pulli sieht auch gut aus.

	der Pulli	das Kleid	die Jacke	die Stiefel (Pl.)
Nominativ		rote		
Akkusativ	grünen			
Dativ				

b Wo ist die Endung *-e*, wo *-en*? Markiere mit zwei Farben in der Tabelle.

2 (→ KB 5–6) **a Unterstreiche die Artikelwörter und das Adjektiv.**

1. Beachten Sie diese tollen Angebote: **Jacken ab 29,90 €!**

2. Zu jeder kurzen Hose gibt es ein **T-Shirt gratis!**

3. Achtung Alle neuen Schuhe sind 15% billiger: Angebot nur gültig bis Samstag!

4. **Alle Sportschuhe für 39,90 €:** Dieser fantastische Preis gilt nur diese Woche!

5. **Aufgepasst:** Viele modische Artikel jetzt ein Viertel **billiger**.

6. Heute bei allen alten Preisen **minus 30%!**

7. **Wir brauchen Platz:** Manche modischen Sachen müssen raus!

b Vergleiche die Endungen aus 2a mit der Tabelle aus 1b. Wie heißt die Regel? Kreuze an.

Nach den Artikelwörtern *diese/r, jede/r, manche, viele, alle* sind die Adjektivendungen

A gleich wie beim bestimmten Artikel *der/das/die*.

B anders als beim bestimmten Artikel *der/das/die*.

3 (→ KB 5–6) **Ergänze die Endungen.**

Janina näht selbst. Die kreative__ (1) Schülerin hat schon lange dieses besonder__ (2) Hobby.
Manche kritisch__ (3) Mitschüler finden die originell__ (4) Kleidung von Janina gar nicht schön.
Janina sagt: „Meine neu__ (5) Sachen müssen nicht allen Leuten gefallen. Aber jeder normal__ (6)
Mensch sucht einen Stil, der zu ihm passt. Ich brauche diese teur__ (7) Markenklamotten nicht,
aber ich will auch nicht mit dieser billig__ (8) Kleidung herumlaufen. Denn Frauen und sogar
Kinder müssen in manchen arm__ (9) Ländern für ganz wenig Geld arbeiten, damit wir jede
aktuell__ (10) Mode billig einkaufen können. Das fertig__ (11) Produkt ist oft schon um die
halb__ (12) Welt gefahren.“

4 (→ KB 5–6) **a Was ist manchen Leuten wichtig? Lies die Sätze. Markiere
die Endungen der Adjektive nach unbestimmtem Artikel.**

… Spaß mit guten Freunden.

… ein schöner Film im Kino.

… einen neuen Freund zu finden.

… Ferien mit einem lieben Freund.

… eine gute Note in Deutsch.

… Zeit für ein langes Gespräch.

Wichtig ist/sind mir…

… eine freundliche Lehrerin zu haben.

… Musik von einer guten Band.

… ein Abend mit einem tollen Konzert.

… nette Eltern.

… Geld für coole Klamotten.

… ein leckeres Abendessen.

b Schreib die Adjektivendungen aus 4a in die Tabelle.

	ein (der)	**ein** (das)	**eine** (die)	☐ (Pl.)
Nominativ	-_er_	-____	-____	-_e_
Akkusativ	-____	-____	-____	-____
Dativ	-____	-____	-____	-____

5 (→ KB 5–6) **Schreib Sätze mit *ein/eine* oder ☐. Achte auf die richtige Form
des Adjektivs.**

1. cool / der Lehrer / haben / .   Es ist super, _einen coolen Lehrer zu haben._
2. toll / die Band / hören / .   Es macht Spaß, _____
3. mit / gut / die Freunde / reden / .   Es ist schön, _____
4. neu / das Handy / verlieren / .   Es ist ärgerlich, _____
5. an / heiß / die Tage / schwimmen / .   Ich finde es toll, _____
6. in / groß / das Museum / gehen / .   Es ist langweilig, _____

6 (→ KB 5–6) **a Welche Angaben passen? Ordne zu.**

> komischen Zeit • ~~alten Fotos~~ • langen Haar • normale Kleidung •
> verrücktes Aussehen • weißer Rock

Anton, Paul und Pia sehen irgendwelche _alten Fotos_ (1) von Pauls Eltern an. Sie finden,

dass Pauls Vater mit seinem _____ (2) total peinlich aussieht. Pias Mutter sieht

auch doof aus, ihr _____ (3) ist hässlich. „Warum haben die keine

_____ (4) an?", fragt Paul. Pia muss lachen. Sie sagt: „Unsere Eltern haben

in irgendeiner _____ (5) gelebt. Ich glaube, ihr _____ (6)

war ihnen ziemlich egal."

b Vergleiche die Adjektivendungen in 6a mit der Tabelle in 4b. Kreuze an.

Nach den Artikelwörtern *kein, mein, irgendein* bekommt das Adjektiv …

☐ im Singular ☐ im Plural   die gleichen Endungen wie beim unbestimmten Artikel *ein/ein/eine*.

☐ im Singular ☐ im Plural   die gleichen Endungen wie beim bestimmten Artikel *der/das/die*.

7 (→ KB 5–6) **Schreib die Adjektive in der richtigen Form.**

Pia und ihre _neue_ (neu; 1) Freundin Keiko sind in einem

_____ (groß; 2) Raum in einem _____ (alt; 3)

Jugendzentrum. Ihr _____ (gut; 4) Freund Kolja und

noch ein paar _____ (nette; 5) Leute sind auch da. Pia

setzt sich auf ein _____ (kaputt; 6) Sofa. Alles ist voll

mit _____ (bunt; 7) Plakaten und an die Wände haben die Jugendlichen irgendwelche

_____ (komisch; 8) Graffiti gemalt. Für die Clique ist es kein _____ (echt; 9)

Problem, wie es im Jugendzentrum aussieht, aber Keiko hat eine _____ (toll; 10)

Idee: „Wir könnten euer _____ (alt; 11) Jugendzentrum renovieren!"

8 (→ KB 7–8) **Was passt zusammen? Ordne die Antworten zu.**

1. _C_ Welche Präsentation war besser?
   Die von Florian oder die von Gül?

2. ___ Welches Buch ist berühmter, das von
   Lemony Snicket oder das von J. K. Rowling?

3. ___ Welcher Band von Harry Potter ist
   am spannendsten?

4. ___ Welche Bücher findest du am coolsten?

A „Harry Potter und der Gefangene von
  Askaban" ist der spannendste Band.

B Lemony Snicket hat die coolsten Bücher
  geschrieben.

C Gül hat eine bessere Präsentation
  gemacht als Florian.

D J. K. Rowlings Buch ist ein berühmteres
  Buch als das Buch von Lemony Snicket.

9 (→ KB 7–8) **Welche Form ist richtig? Kreuze an.**

1. Wie heißt das ☒ beste ☐ besten Buch, das du gelesen hast?

2. Wer hat die ☐ spannendste ☐ spannendsten Bücher geschrieben?

3. Wie heißt der ☐ bekannteste ☐ bekanntesten Autor in deinem Land?

4. Wo ist die Bibliothek mit dem ☐ älteste ☐ ältesten Buch?

10 (→ KB 7–8) *größer, schneller ...* **Ergänze die Vergleichssätze.**

1. der Computer, schnell   Ich habe _einen schnelleren Computer_ als du.

2. das Auto, groß   Wir haben _____ als ihr.

3. die Wohnung, schön   Wir wohnen in _____ als ihr.

4. die Klamotten, teuer   Ich kann mir _____ kaufen als du.

5. das Fahrrad, gut   Ich habe _____ als du.

11 (→ KB 7–8) **Die coolsten Ferien. Ergänze die richtigen Formen des Adjektivs.**

Wir sind im _schönsten_ (schön; 1) Hotel der Insel und jeden Tag gibt es das

_____ (lecker; 2) Essen der Welt! Es ist nicht weit bis zum Strand mit den

_____ (hoch; 3) Wellen. Am Abend feiern wir die _____ (toll; 4)

Partys mit den _____ (cool; 5) DJs. Sie machen die _____ (geil; 6)

Musik. Und das Tollste: Es sind meine _____ (lang; 7) Ferien – vier Wochen!!!

Wortbildung – Negation: Adjektive mit *un-* und *-los*

12 **Antworte das Gegenteil. Verwende das Adjektiv aus dem ersten Satz mit *un-*.**

1. ● Das war wirklich ein interessanter Film! ○ Also, ich fand ihn total _uninteressant_.

2. ● Ist das wichtig? ○ Nein, es ist total _____.

3. ● „Crazy" ist ein bekanntes Buch. ○ Wie heißt es? Das ist bei uns _____.

4. ● Der Kellner ist sehr freundlich. ○ Wirklich? Ich finde ihn eher _____.

5. ● Iss nicht so viel Eis. Das ist nicht gesund. ○ Quatsch, Eis ist doch nicht _____!

6. ● Die Aufgabe ist doch klar. ○ Echt? Ich finde sie eher _____.

13 **Wie kann man es anders sagen? Bilde Adjektive mit *-los*.**

1. Hat Max einen Job?   (Er hat keine Arbeit.)   Nein, er ist _arbeitslos_.

2. Wie war die Reise?   (Ohne Probleme.)   Total _____.

3. Wie ist mein Test? Ist er gut?   (Ohne Fehler.)   Super! Er ist _____.

4. Wie ist das Essen?   (Ohne Geschmack.)   Na ja, irgendwie _____.

5. Was hat er gesagt?   (Nichts, kein Wort!)   Er ist _____ gegangen.

6

Kommunikation

1 (→ KB 2–3) **a Markiere die Relativpronomen in den Sätzen und ergänze die Tabelle.**

Vera und ihre Schwester bereiten eine Party für ihre Oma vor, die morgen Geburtstag hat. Sie reden über ein Geschenk, das sie der Oma schenken können. Sie wollen ihr einen Plattenspieler schenken, den die Oma für ihre Lieblingsmusik braucht. Denn die Oma hat so viele Platten, die sie schon lange nicht mehr gehört hat. Und auf der Party spielen sie dann Erstes das Lied, das der Oma so gut gefällt.

Dario arbeitet an einer Präsentation, die er am Montag in der Schule halten muss. Für die Präsentation sucht Dario Fotos zum Thema Pferde und Arbeit, die das Leben in Siebenburg zeigen. Deshalb ruft Dario bei „Gibt es nicht – gibt's nicht" im Radio an und spricht mit der Moderatorin. Sie macht ihm Mut: „Wir finden bestimmt einen Hörer, den du um Hilfe bitten kannst."

	Relativpronomen Nominativ	Akkusativ
der Plattenspieler/Hörer	der	
das Geschenk/Lied	das	*das*
die Oma/Präsentation	*die*	
die Platten/Fotos		

b Ergänze die Relativpronomen.

Karina und ihre Freundin packen die Sachen, _die_ (1) sie für das Wochenende brauchen. Sie machen einen Ausflug mit anderen Freunden, _____ (2) Campen auch super finden. Aber Karina hat ein Problem, _____ (3) sie ganz schnell lösen möchte. Sie hat keinen Kocher, _____ (4) sie im Rucksack mitnehmen kann. Deshalb ruft sie in einer Sendung an, _____ (5) bei solchen Problemen helfen kann. Die Sendung heißt „Gibt es nicht – gibt's nicht." Es ist eine Sendung, _____ (6) viele Leute hören. Die Moderatorin sucht eine Person, _____ (7) Karina einen Kocher leihen kann.

2 (→ KB 2–3) a Welche Sätze gehören zusammen? Markiere die Präpositionen und Relativpronomen in den Sätzen A–D.

1. Das ist mein Smartphone,

2. Das ist meine Freundin,

3. Samstags sind oft Partys,

4. Das ist mein Cousin Mark,

A nach denen ich total müde bin.

B mit dem ich jeden Tag chatte.

C für die ich alles tun würde.

D ohne das ich nicht aus dem Haus gehe.

b Ergänze die Tabelle mit den Sätzen aus 2a.

1. Das ist mein Smartphone,	ohne das	ich nicht aus dem Haus	gehe.
2.			
3.			
4.			
Hauptsatz	**Präposition + Relativpronomen**	**Relativsatz**	**Satzende: Verb**

3 (→ KB 2–3) Was ist das? Beschreib die Begriffe mit Relativsätzen. Der Kasten hilft.

auf das auf dem ~~in der~~ in denen von dem zu denen	man Katzen manche Schüler ich	~~Hilfe von anderen Menschen bekommen~~ ganz leicht Dinge tragen können vor einem schweren Test träumen mich nach der Schule immer setzen mit allen Problemen gehen können klettern und schlafen können

1. „Gibt es nicht – gibt's nicht" ist eine Sendung, _in der man Hilfe von anderen Menschen bekommt._

2. Ein Kletterbaum ist ein Baum, _____

3. Freunde sind Menschen, _____

4. Rucksäcke sind Taschen für den Rücken, _____

5. Hier ist mein Sofa, _____

6. Ein Zauberstift ist ein Ding, _____

4 (→ KB 2–3) Ergänze die Tabelle mit den Relativpronomen aus den Sätzen aus 2b und 3.

	Präpositionen	Relativpronomen			
Nominativ	–	**der**	**das**	**die**	**die** (Pl.)
Akkusativ	für, ohne, in (wohin?), auf (wohin?), …	den		*die*	
Dativ	mit, nach, von, zu, in (wo?), auf (wo?), …				

5 (→ KB 2–3) **Markiere die Verben in den Relativsätzen. Verbinde dann die Sätze.**

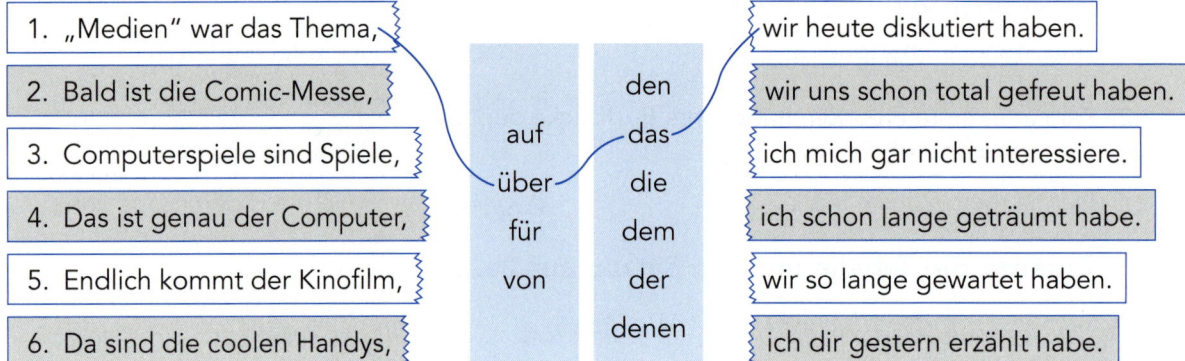

1. „Medien" war das Thema,		wir heute diskutiert haben.
2. Bald ist die Comic-Messe,	den	wir uns schon total gefreut haben.
3. Computerspiele sind Spiele,	auf das	ich mich gar nicht interessiere.
4. Das ist genau der Computer,	über die	ich schon lange geträumt habe.
5. Endlich kommt der Kinofilm,	für dem	wir so lange gewartet haben.
6. Da sind die coolen Handys,	von der / denen	ich dir gestern erzählt habe.

6 (→ KB 5) **a Lies Pias Bericht und markiere die Verben im Präteritum.**

Meine Gruppe arbeitete an dem Projektthema „Kommunikation durch Medien vor 50 Jahren". Wir waren in der Bibliothek und suchten in Zeitungen, Büchern und im Internet Texte zum Thema. Außerdem erzählten mir meine Großeltern viel von früher. Sie konnten sich gut erinnern und sie hatten viele gute Ideen für unser Projekt. So lernte ich viel über die Zeit vor 50 Jahren. Am nächsten Tag berichtete ich den anderen Schülern aus meiner Gruppe alles. Nadja telefonierte mit dem Museum für Kommunikation ...

b Ergänze die Tabelle. Der Text aus 6a hilft.

	arbeiten	suchen	erzählen	lernen	berichten	telefonieren
ich		suchte				telefoniertest
du	arbeitetest				berichtetest	
er/es/sie	*arbeitete*		erzählte			
wir	arbeiteten					
ihr		suchtet			berichtetet	
sie/Sie				lernten		telefonierten

c Lies Pias Bericht zu Ende und ergänze die Verben im Präteritum.

erlauben • besuchen • planen • sein • fragen • machen • sammeln

... und __fragte__ (1) nach einem Termin für eine Führung. Am Montag _____ (2) wir

das Museum. Es _____ (3) sehr interessant. Anna _____ (4) viele Fotos. Zum Glück

_____ (5) die Museumsdirektorin es. Alle Ergebnisse _____ (6) wir in einer Mappe.

Danach _____ (7) wir die Präsentation für den Deutschunterricht.

7 (→ KB 5) Schreib die Sätze im Präteritum.

1. Vera und ihre Schwester haben die Party ganz allein geplant.
   Vera und ihre Schwester planten die Party ganz allein.

2. Karina und ihre Freundin haben ihre Rucksäcke gepackt.
   _____

3. Im Jahr 2008 bin ich mit meinen Eltern nach Tschechien gereist.
   _____

4. Wir haben zum ersten Mal etwas über das Grüne Band gehört.
   _____

5. Die Zeitung hat sich sehr für das Projekt interessiert.
   _____

8 (→ KB 5) Wiederholung Präteritum von *haben* und *sein*: Ergänze die Tabelle.

	sein	haben			sein	haben
ich				wir		
du	warst			ihr		hattet
er/es/sie				sie/Sie		

Wortbildung – Substantive mit *-erei*

9 a Was macht Person A? Bei Person B findest du einen Hinweis. Markiere das Wort und schreib dann das Verb im Infinitiv.

1. ● Wo ist denn nur mein Deutschheft?

   ○ Ist es schon wieder weg? Immer diese Sucherei!   *suchen*

2. ● Der Koffer ist noch nicht voll. Ich bin noch nicht fertig.

   ○ Immer noch nicht? Jetzt hör endlich auf mit der Packerei.   _____

3. ● Ach, dieser Austausch! Es gibt noch so viel zu tun!

   ○ Zu viel Planerei ist nicht gut. Komm, wir gehen chillen.   _____

b Mach aus den Verben im Kasten Nomen mit *-erei* und ergänze die Sätze.

1. Hast du immer noch nicht mit den Hausaufgaben angefangen? Hör auf mit

   der *Träumerei* und konzentriere dich endlich!

2. Was ist denn hier schon wieder los? Jeden Tag diese _____!

   Seid doch mal nett und spielt zusammen.

3. Fast jeden Tag einen Test in der Schule! Ich habe keine Lust mehr auf die ganze _____.

4. Warum, warum, warum! Ich weiß es doch auch nicht. Immer diese _____!

> streiten •
> fragen •
> lernen •
> t̶r̶ä̶u̶m̶e̶n̶

7 Geschichte(n)

1 (→ KB 1–2) **a Markiere die Verben im Text.**

Leonardo DiCaprio kam 1974 in Los Angeles zur Welt. Er lebte mit seiner Mutter im Stadtteil Echo Park und ging dort in die Schule. In den Ferien besuchte er öfter seine Großmutter in Deutschland, die Deutsch mit ihm sprach. So lernte er die Sprache ein bisschen. 1988 stand er zum ersten Mal vor einer Kamera und spielte in einem Werbespot. Die Schauspielerei gefiel ihm sehr gut. Schon bald bekam er Rollen in Fernsehserien und Spielfilmen. Der Film „Titanic" machte ihn richtig berühmt. Der Film gewann 11 Oscars.

b Regelmäßig oder unregelmäßig? Schreib die Verbformen in die Tabelle.

regelmäßige Formen (Präteritum mit -*t*-): _____

_____

unregelmäßige Formen: _*kam,*_ _____

_____

c Unregelmäßige Verben lernen: Ergänze Infinitiv und Partizip II.

be • chen •
ge • ge • ge •
fal • hen •
hen • ~~kom~~ •
kom • len •
~~men~~ • men •
nen • spre •
ste • win

Infinitiv	Präteritum	Partizip II
kommen	kam	*gekommen*
	ging	
	sprach	
	stand	
	gefiel	
	bekam	
	gewann	

be • chen •
den • fal •
gan • ~~ge~~ • ge •
ge • ge • ge •
ge • gen •
~~kom~~ • kom •
len • ~~men~~ •
men • nen •
spro • stan •
won

2 (→ KB 1–2) **a Ergänze die unregelmäßigen Formen im Präteritum. Die Sätze helfen.**

	kommen	finden
ich	*kam*	fand
du	kamst	
er/es/sie		fand
wir	kamen	
ihr	kamt	
sie/Sie		fanden

Ich kam gestern leider zu spät.

Wie fandest du den Film? War er gut?

Der Zug kam pünktlich.

Meine Freunde kamen zu Besuch.

Wir fanden das Buch langweilig.

Wie fandet ihr die Musik?

b Ergänze die Endungen, wo es nötig ist. Die Tabelle in 2a hilft.

Liebe Lena, gestern war*en* (1) Ben und Luca bei mir. Sie kam___ (2) um 19 Uhr. Zuerst koch___ (3) wir. Es gab___ (4) Chili con Carne. Luca aß___ (5) nur wenig, er fand___ (6) das Essen viel zu scharf. Aber Ben und ich fand___ (7) es völlig okay. Später saß___ (8) wir im Wohnzimmer auf dem Boden und sah___ (9) den Film „Avatar" auf DVD. Du war___ (10) doch mal in „Avatar" im Kino, mit Leon, oder? Wie fand___ (11) ihr den Film? Ben und Luca blieb___ (12) bis Mitternacht bei mir. Und du? War___ (13) du auf dem Konzert? Wie fand___ (14) du die Band? Biba, lg, Bea

3 (→ KB 1–2) **Ergänze die Formen von Präteritum und Partizip II.**

schreiben ___*schrieb*___ _____

liegen _____ ___*gelegen*___

verlieren _____ _____

tragen _____ _____

schließen _____ _____

schlafen _____ _____

treffen _____ _____

lesen _____ _____

> las • verlor • lag • traf •
> geschrieben • getroffen •
> geschlossen • ~~gelegen~~ •
> schlief • verloren •
> trug • getragen •
> ~~schrieb~~ • schloss •
> gelesen • geschlafen

4 (→ KB 1–2) **Ergänze die unregelmäßigen Verben im Präteritum.**

Meine Mutter und ich ___*fuhren*___ (1; fahren) nach Rügen. Dort _____ (2; finden) wir ein schönes Hotel direkt am Meer. Es _____ (3; geben) auch ein Schwimmbad. Ich _____ (4; schlafen) immer lange, aber meine Mutter _____ (5; laufen) jeden Morgen am Strand entlang. Ich _____ (6; treffen) zwei nette Mädchen, Mira und Lena. Wir _____ (7; liegen) immer faul in der Sonne. Meine Mutter _____ (8; lesen) im Urlaub viel. Wir _____ (9; bleiben) eine Woche auf Rügen, dann _____ (10; sein) unser Urlaub leider wieder vorbei.

5 (→ KB 1–2) **Regelmäßiges oder unregelmäßiges Verb? Schreib Hannas Erlebnis im Präteritum.**

1. Hanna / im Stadtzentrum / shoppen / gehen   2. Später / sie / mit einer Freundin / in einem Café / sitzen   3. Hanna / bezahlen / wollen, / aber / sie / ihr Geld / nicht / finden   4. da / ihr Handy / klingeln   5. eine Verkäuferin / eine gute Nachricht / für Hanna / haben   6. das Geld / liegen / in der Umkleidekabine   7. Hanna / sich freuen / sehr

1. Hanna ging _____

_____

_____

_____

6 (→ KB 3) **Wann war das? Such die passende Information und schreib Nebensätze mit *als*.**

Die Band „Kulturschock" spielte.
~~Robbie und Kolja trafen sich.~~
Die Freunde grillten am See.
Kolja bereitete das Picknick vor.
Robbie konnte nicht zum Konzert gehen.

Nebensatz	Pos. 1: Verb	Hauptsatz	Satzende
1. *Als Kolja und Robbie sich trafen,*	redeten	sie über ihren Tag.	
2.	musste	Robbie in Opas Garten	arbeiten
3.	war	er richtig sauer.	
4.	schnitt	Kolja sich in den Finger.	
5.	musste	er zum Arzt	gehen.

7 (→ KB 3) **Wann haben die Personen das gemacht? Schreib Sätze mit *als* im Präteritum.**

1. Christoph lernte schwimmen,   *als er noch ein Baby war*
   (er / noch / ein Baby / sein)

2. Melanie bekam ihr erstes Fahrrad,   _____
   (sie / drei Jahre alt / werden)

3. Sandro bekam sein erstes Handy,   _____
   (er / in die Schule / kommen)

4. Hanna begann mit dem Klavierunterricht,   _____
   (sie / in die dritte Klasse / gehen)

5. Eva war sehr glücklich,   _____
   (sie / zum ersten Mal / Moped / fahren)

8 (→ KB 3, 6) **Welcher Satz ist richtig: *bis* oder *als*? Kreuze an.**

1. Jannis Niewöhner war noch ein Kind,
   ☐ A bis er eine kleine Rolle in einem Krimi spielte.
   ☒ als er eine kleine Rolle in einem Krimi spielte.

2. Jannis bewarb sich an einer Schauspielschule
   ☐ A bis er 16 Jahre alt war.
   ☐ B als er 16 Jahre alt war.

3. Es dauerte einige Jahre,
   ☐ A bis Jannis Niewöhner richtig bekannt war.
   ☐ B als Jannis Niewöhner richtig bekannt war.

4. Nach der „Edelstein-Trilogie" mussten die Fans von Jannis nicht lange warten,
   ☐ A als sie Jannis in weiteren Filmen sehen konnten.
   ☐ B bis sie Jannis in weiteren Filmen sehen konnten.

9 (→ KB 6) **Wie lange dauert das noch? Schreib Sätze mit *bis*. Der Kasten hilft.**

> Ich muss noch … Jahr(e) warten, bis … • Es ist/sind noch … Monat(e), bis … •
> Es dauert noch (mindestens) … Jahr(e), bis …

1. *Es dauert noch 4 Jahre, bis ich mit der Schule fertig bin.* ___ (ich / mit der Schule / fertig / sein)

2. _____
_____ (ich / keine Grammatikfehler / mehr / machen)

3. _____
_____ (ich / mit dem Auto / fahren / dürfen)

4. _____ (die Sommerferien / beginnen)

5. _____
_____ (die Menschen / zum Mars / fliegen / können)

Wortbildung – Substantive aus Adjektiven: *der Gute, das Schöne*

10 **a Such die Adjektive in den Sätzen. Unterstreich sie und markiere die Änderungen.**

Das <u>Schöne</u> am Film „Titanic" ist die Liebesgeschichte, das Schreckliche
sind die vielen Toten. In „Titanic" ist der arme Jack Dawson (Leonardo
DiCaprio) der Gute und der reiche Cal Hockley (Billy Zane) der Böse.
Rose (Kate Winslet) ist die Schöne, um die die beiden Männer kämpfen.
Rose bleibt zuletzt allein zurück. Millionen Kinobesucher haben zusammen mit der Traurigen geweint.

> ~~schön~~ • schön •
> böse • schrecklich •
> traurig • gut

b Mach aus dem Adjektiv ein Substantiv. Achte auf den Artikel.

1. | klein | Wer ist Leon? – Das ist *der Kleine* mit den schwarzen Haaren.
2. | groß | Wer ist Lisa? – Das ist _____ mit der roten Brille.
3. | gut | _____ ist, dass ich jetzt mehr Taschengeld bekomme.
4. | neu | Wer ist denn der Junge? – Das ist _____ aus der zehnten Klasse.
5. | blöd | Wieso hast du nicht angerufen? – Das war ja _____: Der Akku war leer!
6. | superschlau | Welche Teilnehmerin hat beim Quiz gewonnen? – _____ natürlich!

11 **Substantive aus Adjektiven haben Endungen wie Adjektive. Streich das falsche Substantiv durch.**

1. Hast du schon mit der Neuen / ~~Neue~~ aus der zehnten Klasse gesprochen? – Nein, ich wusste
   gar nicht, dass da eine Neue / Neuen gekommen ist.

2. In vielen Filmen kämpft ein Guter / Gute gegen einen Bösen / Böses so wie Jack Dawson und
   Cal Hockley in „Titanic". Ich finde, dieser Kampf ist das Beste / Besten an „Titanic".

3. Hast du das Buch gelesen? Ein Junger / Junges und ein Alter / Alte sind Freunde und machen
   eine große Reise. Das Schöne / Schönen an der Geschichte ist diese komische Freundschaft.

8

So ist das bei uns.

1 (→ KB 4–5) **a Welche Sätze passen zu Keiko, welche zu Nadja? Ordne zu.**

1. Keiko bringt ein Geschenk mit, _C_
2. Keiko trinkt nichts, ___
3. Nadja ist zu spät, ___
4. Nadja isst viel Pizza, ___

A obwohl sie total scharf ist.

B weil sie den Bus verpasst hat.

C weil man das in Japan bei Einladungen so macht.

D obwohl sie Durst hat.

b Welche drei Sätze sind richtig? Markiere sie in der Wortschlange und schreib sie in die Tabelle.

TübrixGenBobwohlDursthatsiegroßenLapuFobwohlsiegroßenDursthatGothalunkobwohlPianicht
GeburtstaghatKaluriebJieftRobwohlPiahatnichtGeburtstagBewengtBaströSsieweileinGeschenk
bekommtOmrEweilsieeinGeschenkbekommtPembuuk

Hauptsatz	obwohl/weil	Nebensatz	Satzende: Verb
1. Keiko trinkt bei Pia nichts,	*obwohl*	*sie großen Durst*	*hat.*
2. Keiko bringt ein Geschenk mit,			
3. Pia ist überrascht,			

2 (→ KB 4–5) **Schreib Sätze mit *obwohl.***

1. Leo spricht im Unterricht nicht gern Englisch, _*obwohl Englisch seine Muttersprache ist.*_
   (Englisch / seine Muttersprache / sein)

2. Clara spricht schlecht Französisch, _____
   _____
   (sie / gewohnt haben / in Frankreich / 3 Jahre)

3. Lena liest gern Bücher auf Polnisch, _____
   _____
   (sie / verstehen können / nicht alle Wörter)

4. _*Obwohl Sarah*_____, hat sie einen sehr guten Test geschrieben.
   (Sarah / langweilig / finden / Latein)

5. _____, will er ein Austauschjahr in Japan machen.
   (Linus / fast kein Wort Japanisch / sprechen)

3 (→ KB 4–5) **Schreib je vier Sätze mit *weil* und *obwohl*. Der Kasten hilft.**

> faul/fleißig sein • immer/nie die Hausaufgaben machen • häufig/selten lernen •
> so gut wie mein Freund / meine Freundin sein wollen • im Unterricht (nicht) mitmachen •
> dem Lehrer immer/nie zuhören • im Unterricht viel/keinen Quatsch machen • (kein) Talent habe

Ich bin ein guter Schüler /
eine gute Schülerin, …

Ich bin ein schlechter
Schüler / eine schlechte
Schülerin, …

1. _obwohl ich faul bin._
2. _weil_
3. _obwohl_
4. _weil_

5. _obwohl_
6. _weil_
7. _obwohl_
8. _weil_

4 (→ KB 4–5) **a Schreib die Sätze neu mit *obwohl* oder *weil*. Markiere die Verben.**

1. Pia macht einen Pizzaabend. Deshalb kauft sie Getränke, Käse und Chili.
   Weil Pia einen Pizzaabend macht, kauft sie Getränke, Käse und Chili.

2. Chili ist sehr scharf, trotzdem tun die Mädchen viel Chili auf die Pizza.
   Obwohl Chili

3. Es ist keine Geburtstagsparty. Trotzdem bringt Keiko ein Geschenk mit.
   _____

4. Die Pizza ist total lecker, darum essen die Mädchen alles auf.
   _____

5. Die Pizza ist sehr scharf. Daher trinken die Mädchen sehr viel.
   _____

6. Keiko läuft die Nase, trotzdem putzt sie sich die Nase nicht.
   _____

b Ergänze vier Sätze aus 4a in der Tabelle.

	Position 1: Nebensatz	Pos. 2: Verb		Hauptsatz
1. Weil	Pia einen Pizzaabend	macht,	kauft	sie Getränke, Käse und Chili.
2. Weil		,		
3. Obwohl		,		
4. Obwohl		,		

5 (→ KB 4–5) **Was passt? Verbinde die Sätze.**

1. Viktor kommt aus Russland,

2. Büsras Freunde sprechen kein Türkisch,

3. Grace findet Englisch total cool,

4. Sandras Muttersprache ist nicht Spanisch,

weil

obwohl

trotzdem

deshalb

A sie in Argentinien lebt.

B spricht sie am liebsten Deutsch.

C ist seine Muttersprache Russisch.

D sie keinen Türkischunterricht hatten.

6 (→ KB 6) **Welche Sätze haben die gleiche Bedeutung? Ordne zu.**

Als Enno die neue Kamera zum Geburtstag bekommen hat, …

1. _C_ ist ein großer Wunsch von ihm in Erfüllung gegangen.

2. ___ hat ihm sein Vater bei der Technik geholfen.

3. ___ hat er sich gleich Gedanken über neue Fotomotive gemacht.

4. ___ hat seine Großmutter viel über sein Hobby Urbex gefragt.

A ist ihm sein Vater bei der Technik zu Hilfe gekommen.

B hat seine Großmutter viele Fragen über sein Hobby Urbex gestellt.

C hat sich ein großer Wunsch von ihm erfüllt.

D hat er gleich über neue Fotomotive nachgedacht.

7 (→ KB 6) *geben, gehen, haben, machen* oder *stellen*? **Ergänze die Verben in der richtigen Form.**

Hallo Clementine,

wie war es auf dem verlassenen Schiff in Frankreich? Konntest du gute Fotos _machen_ (1)?
Waren außer dir noch andere Leute dort? Haben andere schon viel zerstört? Ich habe gelesen,
dass sehr viele Urban Explorer Interesse an dem Schiff _____ (2). Ich finde es so cool
von deinen Eltern, dass sie mir dir dort hingefahren sind! Mein Vater will mir leider erst die
Erlaubnis _____ (3), wenn ich 16 Jahre alt bin. Na ja, ich _____ (4) mir Mühe,
nicht ungeduldig zu sein. Schon jetzt _____ (5) ich mir viele Gedanken, wie ich meinen
Besuch auf dem Schiff planen soll. Was hast du mitgenommen? Klar, Kamera, Taschenlampe
und die Dinge, die wir normalerweise immer als Ausrüstung mitnehmen. Aber was brauche
ich noch? _____ (6) du mir Tipps? Wenn ich endlich auf dem Schiff bin, wird für mich ein
Traum in Erfüllung _____ (7)! Und stell dir vor: Meine Mama hat mir letzte Woche die
Frage _____ (8), welchen leer stehenden Ort ich nach dem Besuch in Frankreich noch
erkunden möchte. Ich konnte ihr gar keine Antwort geben, ich denke nämlich nur an mein
nächstes Ziel: das Schiff! Du musst mir unbedingt bald antworten, ich bin so gespannt! …

8

Wortbildung – untrennbare Verben

8 **a** **Trennbar oder untrennbar? Ergänze die Verben in den Sätzen.**

1. A aufstehen   Ein Filmstar _steht_ bestimmt nie um 6 Uhr _auf_.

   B entstehen   In Hollywood _entstehen_ jedes Jahr viele neue Filme _– –_.

2. A beschließen   Wir _____ Regeln für das Jugendzentrum _____.

   B abschließen   Der Hausmeister _____ das Jugendzentrum _____.

3. A einkaufen   Wir _____ am liebsten im Einkaufszentrum _____.

   B verkaufen   Wir _____ am liebsten auf dem Flohmarkt _____.

4. A gehören   Der Hund _____ Pia _____.

   B aufhören   Der Hund _____ mit dem Bellen _____.

b **Schreib die Sätze im Perfekt.**

1. Die Kunden beschweren sich.   _Die Kunden haben sich beschwert._

2. Der Bauer bietet frisches Gemüse an. _____

3. Die Veganerin empfiehlt den Gemüseburger. _____

4. Man entdeckt in dem Spiel fremde Welten. _____

5. Luisa zieht sich im Bad um.   _____

6. Mein Vater erlaubt es mir.   _____

7. Wir gewöhnen uns an die Graffiti.   _____

8. Viele verkleiden sich als Mangafigur. _____

9. Wir besichtigen den Kölner Dom.   _____

10. Sie denken über das Angebot nach.   _____

c **Markiere alle untrennbaren Verben in 8a und b und schreib sie in die Tabelle.**

be-	emp-	ent-
		entstehen
er-	ge-	ver-

d **Kennst du noch mehr untrennbare Verben? Schreib sie in die Tabelle in 8c. Der Kasten hilft. Es gibt mehrere Möglichkeiten.**

> grüßen • halten • stellen • leben • fallen • stehen • dienen • finden •
> öffnen • passen • bringen • spannen

9

Schule und Lernen

1 (→ KB 2–3) **a Was war vor der Prüfung? Markiere die Verben in diesen Sätzen.**

Eine Fünf!!! Paul ist echt sauer, denn er hatte den ganzen Tag vor der Prüfung gelernt. Und in der Nacht war er bis 12 Uhr wach geblieben. Er war auch schon um 5 Uhr aufgestanden und hatte vor der Schule noch einmal die Grammatik wiederholt. Den ganzen Morgen hatte er viel Kaffee getrunken. Dann war er zu Fuß zur Schule gegangen. Aber bei der Prüfung hatte er trotzdem viele Fehler gemacht.

b Hilfsverb *haben* oder *sein*? Notiere die Infinitive aus den markierten Sätzen.

Hilfsverb *haben*	Hilfsverb *sein*
lernen,	*wach bleiben,*

2 (→ KB 2–3) **Ergänze die Verben im Plusquamperfekt.**

1. Estella _*hatte*_ zum Geburtstag ein Moped _*bekommen*_. (bekommen)

2. Aber leider _____ sie die Führerscheinprüfung nicht _____. (schaffen)

3. Deshalb _____ sie vor der nächsten Prüfung Testaufgaben _____. (machen)

4. Am Wochenende _____ sie nur selten _____. (ausgehen)

5. Sie _____ lieber zu Hause _____ (bleiben), weil sie lernen wollte.

6. Trotzdem _____ sie vor der Prüfung schlecht _____. (schlafen)

7. Aber bei der Prüfung _____ sie fast alles _____. (wissen)

3 (→ KB 2–3) **Was hatte Anton bei der Prüfung besser gemacht? Schreib die Sätze im Plusquamperfekt in die Tabelle.**

> ~~Anton schrieb in der Schule alles mit.~~ • Zu Hause las er noch mal seine Notizen. •
> Gleich nach der Schule machte er seine Hausaufgaben. •
> Am Abend vor der Prüfung ging er früh ins Bett.

1. Anton	*hatte*	*in der Schule alles*	*mitgeschrieben.*
2. Zu Hause			
3. Gleich nach der Schule			
4. Am Abend vor der Prüfung			

4 (→ KB 6–7) **a Was gehört zusammen? Verbinde die Sätze.**

1. Ich gehe wieder gern zum Training,

2. Ich hatte keine Angst vor der Prüfung,

3. Ich habe keinen Hunger mehr,

4. Ich habe ein neues Moped bekommen,

5. Ich habe auf der Party viel getanzt,

A nachdem ich mich gut vorbereitet hatte.

B nachdem ich den Führerschein geschafft hatte.

C nachdem die anderen mit dem Tanzen angefangen hatten.

D nachdem ich einen neuen Trainer bekommen habe.

E nachdem ich zwei Stück Pizza gegessen habe.

b Welche Satzpaare passen zur Regel? Notiere.

Im Hauptsatz steht **Präsens**, der *nachdem*-Satz steht im **Perfekt**:

_1D,_____

Im Hauptsatz steht **Präteritum** oder **Perfekt**, der *nachdem*-Satz steht im **Plusquamperfekt**:

_____

5 (→ KB 6–7) **Perfekt oder Plusquamperfekt?** *Haben* oder *sein*? **Ergänze das Hilfsverb.**

> hat • sind • hatten • hatte • ~~war~~ • hatte • hat

1. Ich hatte wenig Zeit für das Frühstück, nachdem ich spät aufgestanden _war._____

2. Nachdem ich den Bus verpasst _____, bin ich zu spät zur Schule gekommen.

3. Lorenz ist glücklich, nachdem seine Mannschaft das Fußballspiel gewonnen _____.

4. Nachdem die Schüler den Test geschrieben _____, konnten sie nach Hause gehen.

5. Wir sind sehr müde, nachdem wir zwei Stunden lang gelaufen _____.

6. Nachdem Eva ein gutes Zeugnis bekommen _____, bekam sie ein Geschenk.

7. Nachdem Kerim die Prüfung bestanden _____, darf er Moped fahren.

6 (→ KB 6–7) **a Was war zuerst? Unterstreiche den Satz.**

1. Tina freut sich auf die Party.
2. Tina findet ein Rezept für einen Kuchen.
3. Tina nimmt den Kuchen zur Party mit.
4. Es wird immer lauter bei der Party.
5. Alle Gäste gehen.

<u>Sven lädt Tina zu seiner Party ein.</u>
Tina kauft die Sachen ein.
Tina backt einen leckeren Kuchen.
Svens Nachbarn beschweren sich.
Sven muss noch aufräumen.

b Verbinde die Sätze in 6a mit *nachdem*. Verwende das Perfekt.

1. _Nachdem Sven Tina zu seiner Party eingeladen hat_____, freut sie sich auf die Party.

2. _____, kauft sie die Sachen ein.

3. _____, nimmt sie ihn zur Party mit.

4. _____.

5. _____.

9

7 (→ KB 11) **a Welche Verben in der Wortschlange sind trennbar? Markiere.**

AFEZUHÖRENGONONENANRUFENLSUVERGESSENBLAAUFSTEHENVIOLENEINSCHLAFENKRYN
ENAUSWÄHLENVERPINENBEKOMMENTQTVERSTEHENPLASFAUFWACHENBAIDUN
BESTEHENASDGNAUSGEHENZERHEIBESUCHENMATANZIEHENDANLENAUFHÖRENBIT
ANFANGENSILZEMITMACHENÜBETKAMANSCHAUENZIFFOPGEFALLENRUPS

b Trennbare Verben: regelmäßig oder unregelmäßig? Notiere die Infinitive aus der Wortschlange.

regelmäßige Verben	unregelmäßige Verben
zuhören,	*anrufen,*

c Ergänze das passende trennbare Verb aus 7b im Präteritum.

1. Gestern hatte ich keine Schule, aber ich __*wachte*__ trotzdem früh __*auf*__.

2. Ich blieb im Bett liegen und las, aber dann _____ ich wieder _____.

3. Erst um 12 Uhr _____ ich _____.

4. Ich ging ins Bad, dann _____ ich mich _____ und wollte danach frühstücken.

5. Das Handy klingelte, meine Freundin Judith _____ mich _____.

6. Ich sagte: „Ich bin beim Frühstück!", aber Judith _____ nicht _____ zu reden.

8 (→ KB 11) **Trennbare Verben im Nebensatz. Ergänze die richtige Form.**

1. anfangen   Ich musste mich beeilen, weil der Kinofilm gleich __*anfing*__.

2. zuhören   Unsere Lehrerin ärgerte sich, als wir ihr nicht _____.

3. ausgehen   Meine Eltern erlaubten nicht, dass ich mit meinen Freunden _____.

4. mitmachen   Ben fand Volleyball langweilig, bis er selbst _____.

5. auswählen   Lisa kaufte oft schicke Sachen, die sie selbst _____.

6. anschauen   Der Film, den wir gerade _____, war total spannend.

7. ausreichen   Wir konnten nicht alle Aufgaben lösen, weil die Zeit nicht _____.

9 (→ KB 11) **Nebensatz oder Hauptsatz? Ergänze die Sätze.**

1. (die DVDs / zurückbringen)   Tina besuchte mich und __*brachte die DVDs zurück.*__

2. (er / nie / abschicken)   Tom schrieb viele Nachrichten, die _____

3. (ich / schnell / aufräumen)   Meine Mutter kam zurück, deshalb _____

4. (wir / nicht / aufpassen)   Man erklärte uns den Weg, aber _____

5. (sie / einen Freund / abholen)   Eva wartete am Bahnhof, weil _____

6. (der Bus / losfahren)   Es dauerte lange, bis _____

10 Was sagt der Vater? Ergänze die Verben in der richtigen Form.

> denken • sich bemühen • reden • sich konzentrieren

1. _Bemüh dich_ endlich um ein gutes Zeugnis!

2. _____ mit dem Lehrer über deine Probleme!

3. _____ auf den Unterricht!

4. _____ an letztes Jahr, als du in den Ferien lernen musstest!

11 Welche Präposition ist richtig? Kreuze an.

1. Karim informiert sich ☐ auf ☒ über die Prüfung in Taekwondo.

2. Im Training kämpft er ☐ gegen ☐ durch seinen Freund.

3. Er hat sich ☐ an ☐ auf das harte Training gewöhnt.

4. Anne nimmt ☐ an ☐ von einem Wettbewerb für junge Musiker teil.

5. Sie konzentriert sich ☐ auf ☐ um die schwierigen Musikstücke.

6. Estella denkt ☐ auf ☐ über ihre erste Führerscheinprüfung nach.

Wortbildung – Substantive mit -ung aus Verben

12 a Markiere die Substantive mit der Endung -ung und den Artikel.

> 1. Danke für die tolle Unterstützung! Das war nett von dir!

> 5. Die Renovierung habt ihr toll gemacht!

> 6. Das ist eine schöne Überraschung. Danke!

> 2. Vielen Dank für die Einladung!

> 4. Deine Bewerbung ist sehr schön. Viel Glück!

> 7. Die Erklärung finden Sie auf Seite 18.

> 3. Alles Gute für die nächste Prüfung. Du schaffst das!

> 8. Die neue Wohnung ist echt super.

b Zu welchem Verb gehört das Substantiv? Notiere die Infinitive.

1. _unterstützen_   3. _____   5. _____   7. _____

2. _____   4. _____   6. _____   8. _____

13 Mach aus den Verben Substantive mit der Endung -ung. Schreib auch den Artikel.

1. Erinnerst du dich noch an das Fest bei Pia? _die Erinnerung_

2. Ich bin zu spät. Entschuldige bitte! _____

3. Wir müssen uns bis morgen anmelden. _____

4. Wir stellen unser Projekt in der Schule aus. _____

5. Oje, hast du dich verletzt? _____

10 Natur und Umwelt

1 (→ KB 1–2) **a Lies den Text. Markiere alle Formen von *Bär*, *Elefant* und *Löwe* mit Artikel.**

Seit zwei Jahren mache ich eine Ausbildung zur Tierpflegerin im Zoo. Mit den Elefanten zu arbeiten, den Käfig des Bären zu putzen, die Löwen ganz nah zu sehen – das war am Anfang alles neu und aufregend für mich! Seit ein paar Wochen trinke ich meinen Kaffee jeden Tag direkt neben einem Bären! Schon immer war der Elefant mein Lieblingstier und besonders mag ich das Junge des Elefanten Trinh aus Vietnam. Jetzt habe ich aber auch viel über den Löwen gelernt und ich finde dieses Tier auch total faszinierend. Vor dem Löwen Aslan hier im Käfig habe ich aber größten Respekt! Wenn ich in die Nähe des Löwen muss, habe ich ein komisches Gefühl. Im Fernsehen sieht man immer, dass die Tierpfleger total viel mit den Tieren machen: streicheln, füttern, untersuchen und so, aber oft muss ich einfach putzen. Trotzdem liebe ich meinen Job. Und jetzt gehe ich gleich zur Fütterung der Bären. Dort darf ich „meinen" Bären Rudy füttern!

b Ergänze die Tabelle mit den Wörtern aus 1a. Markiere die Endungen.

	Singular				Plural	
Nominativ	der / ein	Bär		Löwe	die / –	Bären, Löwen, …
Akkusativ	den / einen		Elefant**en**		die / –	
Dativ	dem / einem		Elefant**en**		den / –	*Elefanten*
Genitiv	des / eines			Löwen	der / –	

2 (→ KB 1–2) **Im Zoo. Was ist richtig? Kreuze an.**

1. In diesem Käfig ist gar nicht genug Platz für einen ☐ Löwe ☒ Löwen.

2. Am besten gefällt mir der ☐ Eisbär ☐ Eisbären dort.

3. Der Tierarzt gibt seinem ☐ Patient ☐ Patienten ein neues Medikament.

4. Der Eisverkäufer findet die Kamera eines ☐ Tourist ☐ Touristen.

5. Ein Besucher bringt Äpfel vom ☐ Bauer ☐ Bauern für den ☐ Affe ☐ Affen.

6. Guten Morgen! Das ist ☐ Herr ☐ Herrn Winterfeld, der neue Zoodirektor.

3 (→ KB 1–2) **Ergänze die Anzeigen mit den Wörtern aus dem Kasten in der richtigen Form.**

```
4 0 1 3 2 6 4 1 9 -3 5 4
```
1. *Studenten* aufgepasst! Wir suchen für unseren Sohn (10. Klasse) einen netten _____, der Nachhilfe in Mathematik und Physik geben kann. 8 € pro Stunde.   >>

2. Du hast in den Ferien noch nichts vor und magst Tiere? Unser Zooteam sucht einen _____, der unserem _____ im Affenhaus helfen kann.

• Kollege •
• Praktikant •
• Student •
• ~~Student~~ •

4 (→ KB 4–5) **a Was ist wahrscheinlich? Kreuze an.**

Henriette findet den Winter super.

A Ihr ist im Winter oft kalt.   C Es gibt dann viel Schnee.

B Sie mag die Dunkelheit nicht.   D Sie liebt Wintersport.

b Formuliere die Sätze aus 4a um und ergänze die Tabelle.

Position 1	Pos. 2: Verb	
A Trotz der Kälte		
B *Trotz*	findet	Henriette den Winter super.
C Wegen des Schnees		
D *Wegen*		

5 (→ KB 4–5) *wegen* oder *trotz*? **Verbinde.**

1. Selina interessiert sich   der Tiere für den Naturschutz.

2. Tino macht   der Arbeit bei einem Ökocamp mit.

3. Die Jugendlichen zelten   **wegen**   eines Gewitters im Wald.

4. Große Teile des Waldes sind   **trotz**   des Sturms ganz zerstört.

5. Viele Schüler gehen   des Umweltprojekts heute nicht zur Schule.

6. Silvia geht   einer Allergie gern in die Natur.

6 (→ KB 4–5) **Ersetze den Nebensatz mit einem Satz mit *wegen* oder *trotz* und Genitiv.**

der Regen • die Wärme • die Farben • der Nebel • der Donner

1. In der Regenzeit ist die Luft ganz feucht, weil es viel regnet.

In der Regenzeit ist die Luft *wegen des Regens* ganz feucht.

2. Felix konnte die ganze Nacht nicht schlafen, weil es so gedonnert hat.

Felix konnte _____ die ganze Nacht nicht schlafen.

3. Viktor mag den Frühling nicht, obwohl es dann warm wird.

Viktor mag den Frühling _____ _____ nicht.

4. Auch im Herbst fährt Leo mit dem Rad, obwohl es morgens neblig ist.

Auch im Herbst fährt Leo _____ _____ mit dem Rad.

5. Hermine mag den Herbst am liebsten, weil die Blätter farbig werden.

Hermine mag den Herbst _____ _____ am liebsten.

7 (→ KB 6–7) **a Was tut Lisa und was sind ihre Ziele? Markiere mit zwei Farben im Text.**

Wir hatten letztes Jahr ein Projekt zum Thema Klima- und Umweltschutz. Da habe ich viel gelernt. Wenn ich nicht im Zimmer bin, schalte ich jetzt das Licht aus, um Strom zu sparen. Früher habe ich oft gebadet. Aber jetzt dusche ich meistens, um Wasser und Kosten zu sparen. Immerhin 50 bis 150 €! Ich mache jetzt vieles anders, denn ich will keine Energie mehr verschwenden. Ich habe beim dem Projekt mitgemacht, damit ich etwas verändern kann. Ich spreche außerdem häufig mit meinem Vater, denn ich will ihm die Ersparnis erklären. Er soll endlich Energie sparen! Ich rede mit ihm, damit er auch über das Klima nachdenkt.

Lisa, 17 Jahre

b Ergänze die Tabellen mit den Informationen aus dem Text.

1. *Lisa schaltet*	um	Strom zu	zu sparen.
2.	um	Wasser und Kosten	zu sparen.
3. Lisa macht jetzt vieles anders,	*um*		
4. Sie spricht häufig mit ihrem Vater,	*um*		

5. Lisa hat beim Projekt mitgemacht,	damit	sie	etwas verändern	kann
6. Lisa spricht mit ihrem Vater	damit	er		spart.
7. Sie spricht mit ihm,	*damit*			
Hauptsatz		**Nebensatz**		

c Vergleiche die Tabellen in 7b. Was ist der Unterschied? Ergänze die Regel.

Im Hauptsatz und Nebensatz …

… tun die gleichen Personen etwas: Man benutzt __um … zu__ oder __damit__ für den Nebensatz.

… tun verschiedene Personen etwas: Man benutzt _____ für den Nebensatz.

8 (→ KB 6–7) **a Warum macht Karl das? Schreib Sätze mit *um … zu.***

Karl schreibt Lernkarten und malt Lernposter,

1. __um besser Vokabeln zu lernen.__   (Karl will besser Vokabeln lernen.)

2. _____   (Er will sich die Artikel merken.)

3. _____   (Er möchte im Test eine Eins schreiben.)

4. _____   (Er möchte der Beste in Deutsch sein.)

b Warum macht Claudia das? Schreib Sätze mit *damit*.

Claudia verteilt Infoblätter über den Tierschutz, …

1. _damit die Leute mehr über bedrohte Tiere erfahren._   (Die Leute sollen mehr über bedrohte Tiere erfahren.)

2. _____   (Die Leute sollen Geld spenden.)

3. _____   (Die Tiger sollen nicht aussterben.)

9 (→ KB 6–7) **Ergänze *damit* oder *um … zu*.**

1. Timo kocht für Claudia, _damit_ Claudia kein Fastfood _–_ isst.

2. Apfelbäume brauchen die Sonne, _____ die Äpfel reif _____ werden.

3. Petra will irgendwann nach Afrika reisen, _____ einen Löwen in Freiheit _____ sehen.

4. Hanno und Eva benutzen altes Papier noch einmal, _____ kein Papier _____ verschwenden.

10 (→ KB 6–7) **Was sind deine Ziele? Schreib Sätze mit *damit* und *um … zu*.**

1. Ich lerne fleißig Deutsch, _____

2. Ich treffe meine Freunde, _____

3. Ich stehe früh auf, _____

Wortbildung – Komposita zur Steigerung: *super-, mega-, Hammer-, Riesen-*

**11 a Welche Wörter machen in den Gesprächen eine gute Sache besser?
Welche machen eine schlechte Sache noch schlechter? Ordne zu.**

Oh Mann, Chemie finde ich echt stinklangweilig!

Also, ich finde es superinteressant.

Wieso? Ich sehe doch stinknormal aus.

Wow, das ist ja ein Hammerkleid! Megatoll!

Ich weiß. Jetzt habe ich ein Riesenproblem.

Du kommst superspät! Der Trainer ist stinksauer!

Wörter für etwas **Gutes**: _superinteressant,_ _____

Wörter für etwas **Schlechtes**: _stinklangweilig,_ _____

b Bilde Wörter für die Sätze. Manchmal gibt es mehrere Möglichkeiten.

1. Hier, hör mal! Das ist echt ein _Hammerlied_ (Lied)!

2. Blödmann! Ich habe zwei Stunden auf dich gewartet! Ich bin echt _____ (sauer).

3. Plato hat Bauchweh. Er hat eine _____ (Wurst) gefressen.

4. Pandas sind meine Lieblingstiere. Pandababys sind _____ (süß).

> mega- • super- •
> Hammer- •
> Riesen- • stink-

11

An die Arbeit

1 (→ KB 5–7) Wo passt die Frage zum Bild? Kreuze an.

A   B   C   D

☒ Wovon
träumst du?

☐ Auf wen
wartest du?

☐ Worüber
ärgerst du dich?

☐ An wen
denkst du?

2 (→ KB 5–7) Über Personen sprechen. Ergänze die passenden Fragewörter.

1. Sie reden über BROOMlehrer.   _über wen?_   Über den Sportlehrer.

2. Lukas denkt an s BROOM Noah.   _____   An seinen Freund Noah.

3. Die Lehrerin spricht mit BROOMtorin.   _____   Mit der Direktorin.

4. Tina interessiert sich für BROOM Lagerfeld.   _____   Den Fotografen Lagerfeld.

5. Anja erzählt nicht viel von ihrem BROOM.   _____   Von ihrem Freund.

3 (→ KB 5–7) a Nach Dingen fragen. Welches Fragewort passt? Markiere in den Fragewörtern die Präposition.

1. ___Worauf___ freust du dich? – Auf den Kinofilm am Abend.

2. _____ hast du dich entschieden? – Ich nehme eine Pizza.

3. _____ hat sich Nicole beworben? – Um ein Praktikum.

4. _____ kann man dir eine Freude machen? – Mit Schokolade.

5. _____ kannst du dich nicht gewöhnen? – An das frühe Aufstehen.

> ~~worauf~~
> wofür
> woran
> womit
> worum

b Fragewort mit wo- oder wor-? Ergänze die Regel.

Die Präposition beginnt mit einem Vokal: Die Präposition beginnt mit einem Konsonanten:

→ Fragewort mit _____   → Fragewort mit _____

4 (→ KB 5–7) Nicht vergessen! Schreib Fragen.

An das Päckchen denken!	_Woran wolltest_ _du denken?_
Nach dem Preis fragen!	_____
Mit dem Briefträger sprechen!	_____
über die Kollegin des Briefträgers beschweren!	_____

5 (→ KB 8) a Markiere rechts die Endung von Artikel und Adjektiv wie im Beispiel.

SÜSSER HUND VON PINKY FOTOGRAFIERT!

Guck mal, der Hund!

Der süße Hund gehört Pia.

Das ist ein süßer Hund.

Süßer Hund fotografiert!

Siehst du das Pferd

Was macht das kleine Pferd?

Ich möchte auch ein kleines Pferd haben.

Polizei rettet kleines Pferd!

POLIZEI RETTET KLEINES PFERD

b Lies die Anzeigen. Schreib die Substantive mit Adjektiv in die Tabelle.

~~Kleiner Hund braucht viel Zeit.~~   Kinder spielen mit junger Katze.

Foto mit kleinem Hund.   Mädchen pflegt altes Pferd.   Keine Angst vor großen Tieren!

Tierarzt spricht mit altem Pferd.   Kinder suchen junge Katze.

Suchen für unsere Kinder kleinen Hund.   Junge Katze will spielen.

Große Tiere brauchen viel Platz.   Kinder füttern große Tiere.   Altes Pferd ist allein.

Nominativ	der Hund *kleiner Hund*	das Pferd _____	die Katze _____	die Tiere _____
Akkusativ	den Hund _____	das Pferd _____	die Katze _____	die Tiere _____
Dativ	dem Hund _____	dem Pferd _____	der Katze _____	den Tieren _____

6 (→ KB 8) Ergänze die Endungen der Adjektive.

Achtung! Echt*er* (1) Tierfreund sucht klein___ (2) Hund, mit dem er spazieren gehen kann. Habe groß___ (3) Erfahrung mit Hunden, kann aber in klein___ (4) Wohnung keinen eigenen Hund haben. Leider!!

Alt___ (5) Frau sucht stark___ (6) Jungen, der ihr schwer___ (7) Einkäufe in die Wohnung trägt. Gut___ (8) Bezahlung!

Wir suchen vier sportlich___ (9) Mädchen für interessant___ (10) Projekt. Du hast groß___ (11) Interesse an Tanz, machst gern in stark___ (12) Team mit. Neugierig?

7 (→ KB 9–10) **a Was wird passieren? Markiere die Aussagen in der Wortschlange.**

... ACHRHABARBERRIHRWERDETEU CHLANGENICHTSEHENBABBELSEUFZEINGROSSESFLUGZEUGWIRDDICHÜBERDASMEERTRAGENKICHERRHABARBERKICHERDUWIRSTSPÄTEREINEFAMILIEHABENKRAWUMMÄCHZBRABBEL ...

b Schreib die Sätze in die Tabelle.

1. *Ihr*	*werdet*	*euch lange nicht*	*sehen.*
2. *Ein*			
3.		*später eine*	
	Pos. 2: **Hilfsverb *werden***		**Satzende:** **Infinitiv**

8 (→ KB 9–10) **Was wollen die Schüler im nächsten Schuljahr machen?**
Ergänze das Verb in der richtigen Form.

> fahren • kaufen • kommen • lernen • ~~organisieren~~

1. Paul ___*wird*___ das Lernen für die Schule besser ___*organisieren*___.

2. Pauls Freunde _____ gemeinsam mit ihm Englisch _____.

3. Am Schulanfang _____ wir neue Hefte _____.

4. Ich hoffe, ihr _____ alle zu meinem Fest _____.

5. Frau Müller _____ wieder mit ihrem Motorrad in die Schule _____.

9 (→ KB 9–10) **Versprechen und Wünsche: Schreib Sätze im Futur.**

1. ● Hör mal zu. Deine Noten sind
schon wieder viel zu schlecht.

   ○ Tut mir leid. ___*Ich werde mehr lernen.*___
   (weniger telefonieren)

2. ● Das geht nicht, Leon! Du bist schon
wieder zu spät!

   ○ Entschuldigung, _____
   (ab jetzt pünktlich sein)

3. ● Du musst früher schlafen gehen.
Du stehst immer zu spät auf.

   ○ Okay, _____
   (nicht mehr so lange im Internet surfen)

10 (→ KB 2) **a Was passt zusammen? Ordne zu.**

1. _D_ Julia will selbstständig arbeiten,

2. ___ Mirjam möchte feste Arbeitszeiten,

3. ___ Melanie macht eine kurze Ausbildung,

4. ___ Ali hat so viel Talent,

5. ___ Sam möchte so berühmt werden,

A sodass sie bald Geld verdienen kann.

B dass ihn alle Leute sofort erkennen.

C sodass sie ihre Freizeit gut planen kann.

D sodass sie viel selbst entscheiden kann.

E dass er Musik studieren kann.

b Markiere in den Sätzen in 10a *sodass* oder *so ... dass*. Entscheide dann: Welches Wort passt?

1. Josefs Abitur ist so gut,   ☐ sodass ☐ dass   er problemlos einen Studienplatz bekommt.

2. Josefs Abitur ist sehr gut, ☐ sodass ☐ dass   er problemlos einen Studienplatz bekommt.

11 (→ KB 2) **Was ist die Folge? *Sodass* oder *dass*? Schreib die Sätze fertig.**

1. Die Arbeit von Bob ist so anstrengend,   _dass er am Abend sehr müde ist._
   (er / am Abend / sehr müde / sein)

2. Tami möchte viel verdienen,   _____
   (sie / lange Reisen / machen / können)

3. Die Arbeit macht Louisa so viel Spaß,   _____
   (sie / jeden Tag / gern / zur Arbeit / gehen)

4. Patrick hat so viele Interessen,   _____
   (die Berufswahl / für ihn / sehr schwierig / sein)

Wortbildung – Substantive mit *-heit, -keit*

12 **a Was gehört zusammen? Verbinde. Markiere dann Artikel und Endungen der Substantive.**

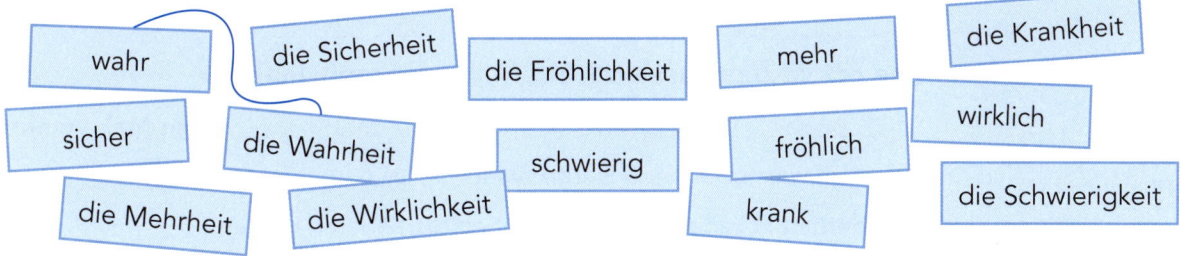

wahr   die Sicherheit   die Fröhlichkeit   mehr   die Krankheit

sicher   die Wahrheit   schwierig   fröhlich   wirklich

die Mehrheit   die Wirklichkeit   krank   die Schwierigkeit

b Mach aus dem Adjektiv ein Nomen. Die Buchstaben helfen.

GLÖMCHILTIEK   IEHEIFRT   FLÖHTIEKICH   ~~HAUSCHLEIT~~   DUNSEIHTEG

1. ● Affen sind so schlau!   ○ Ja, ihre _Schlauheit_ ist bekannt.

2. ● In China leben noch freie Pandabären.   ○ Genau. Sie leben in _____.

3. ● Das ist nicht möglich.   ○ Tja, ich sehe leider auch keine _____.

4. ● Ich hoffe, ich bin bald wieder gesund.   ○ Nichts ist so wichtig wie die _____!

12 Große Gefühle

1 (→ KB 2–3) **a Was hat Keiko damals gemacht? Ordne zu und schreib Sätze in der Vergangenheit.**

> Urlaub in Okinawa machen • zum Kinderfest einen Kimono tragen • ~~in den deutschen Kindergarten~~ gehen • ihr erstes Haustier bekommen

1. *Sie ist in den deutschen Kinder-garten gegangen.*

2. _____

3. _____

4. _____

b Ergänze die Tabelle mit den Informationen aus 1a in der Vergangenheit.

Position 1: Nebensatz	Pos. 2: Verb	Hauptsatz	Satzende
1. Als Keiko drei Jahre alt war,	*ist*	*sie in den deutschen Kindergarten*	*gegangen.*
2. Als Keiko fünf Jahre alt war,			
3. Als Keiko sieben Jahre alt war,			
4. Als Keiko zwölf Jahre alt war,			

2 (→ KB 2–3) **a Wie oft ist das passiert? Ein Mal oder mehrmals?**

	ein Mal	mehrmals
1. Als Keiko drei Jahre alt war, lebte sie in Deutschland.	☒	☐
2. Wenn Keiko im Kindergarten Japanisch sprach, haben die anderen Kinder sie nicht verstanden.	☐	☐
3. Immer wenn Keiko mit ihrem Hund spazieren ging, wollten die anderen Kinder auch mitkommen.	☐	☐
4. Als Keiko mit 14 Jahren wieder nach Deutschland kam, kam sie zu Pia in die Klasse.	☐	☐
5. Wenn Keiko mit ihren Freunden in Japan skypt, erzählt sie von Pia, Kolja und den anderen.	☐	☐

b Wie oft ist das passiert? Lies die Sätze in 2a noch mal. Ergänze dann die Regel.

Etwas passierte in der Vergangenheit **nur ein Mal**:   Man benutzt _____.

Etwas passierte in der Vergangenheit **mehrmals**:   Man benutzt _____.

3 (→ KB 2–3) *als oder wenn?* Schreib die Sätze fertig.

1. *Wenn die Klasse einen neuen Gastschüler bekam* _____,   freuten sich die Schüler
   (die Klasse / bekommen / einen neuen Gastschüler)   jedes Mal sehr.

2. _____,   haben sich die Jungen
   (die Mädchen / reden / über die Gastschülerin)   immer gelangweilt.

3. _____,   haben ihr die Jungen sofort
   (am ersten Tag / Keiko / fragen / nach der Cafeteria)   die Cafeteria gezeigt.

4. _____,   war er sofort total verliebt
   (Kolja / sehen / das erste Mal / Keiko)   in sie.

5. _____,   wollte er Keiko sofort einen
   (Kolja / lesen / sein Horoskop)   Liebesbrief schreiben.

4 (→ KB 4) **a Direkte und indirekte Fragen. Was passt zusammen? Verbinde.**

1. Hast du den Brief geschrieben?

2. Warum hast du den Brief geschrieben?

3. Redet Keiko nicht mehr mit Kolja?

4. Wer hat Keiko den Brief gegeben?

5. Hat Robbie Keiko den Brief gegeben?

6. Wie lange ist Keiko schon sauer?

A Ich möchte wissen, wer Keiko den Brief gegeben hat.

B Weißt du, ob Robbie Keiko den Brief gegeben hat?

C Kannst du mir sagen, wie lange Keiko schon sauer ist?

D Ich will wissen, ob du den Brief geschrieben hast.

E Weißt du, ob Keiko nicht mehr mit Kolja redet?

F Kannst du mir sagen, warum du den Brief geschrieben hast?

b Markiere in 4a die Fragewörter in den Sätzen A–F. Ordne zu.

Indirekter Fragesatz mit W-Wort	A,	☐
Indirekter Fragesatz mit *ob*		☐

c Ordne die Antworten den Fragen A–F zu. Wann ist die Antwort Ja oder Nein? Kreuze in 4b an.

1. Nein, sie redet nicht mehr mit ihm. *E*

2. Das war Robbie. ___

3. Ja, er hat ihn ihr gegeben. ___

4. Weil ich in sie verliebt bin. ___

5. Ja, ich habe ihn geschrieben. ___

6. Sie ist schon den ganzen Tag sauer. ___

5 (→ KB 4) **Welches Fragewort passt? Verbinde.**

1. Ich verstehe nicht,   mein Horoskop für die Schule so schlecht ist.

2. Ich frage mich,   ich meinem Horoskop vertrauen kann.

3. Ich möchte gern wissen,   ich heute wirklich einen guten Test schreibe.

4. Mich interessiert,   heute einem Widder einen Liebesbrief schreibt.

5. Weißt du,   dein Horoskop für die Schule heute gut ist?

ob · warum · wer · ob · ob

6 (→ KB 4) **Anna möchte Übersetzerin werden. Mach ihre Fragen zu indirekten Fragen.**

1. *Ist man als Übersetzerin selbstständig?*

2. *Wie hoch ist das Gehalt?*

3. *Was muss man studieren?*

4. *Wie bekommt man interessante Projekte?*

5. *Muss man früh aufstehen?*

1. Können Sie mir sagen, _____?

2. Ich möchte gern wissen, _____.

3. Wissen Sie, _____?

4. Können Sie mir erklären, _____?

5. Ich frage mich, _____.

7 (→ KB 5) **a Was passt zusammen? Schreib die Ausdrücke an die passende Stelle.**

dieselben • denselben • dasselbe • derselbe • ~~dieselbe~~

1. ● Hier, ich habe die Jacke bei „Modemix" gekauft. ○ *Dieselbe* gibt es auch bei „Funic".

2. ● Schau mal, mein neuer Schal! ○ Der sieht aus wie Hannas. Ja, das ist _____ Schal.

3. ● Diesen Zaubertrick habe ich mir selbst ausgedacht. ○ Ach ja? _____ Trick habe ich schon im Fernsehen gesehen.

4. ● Coole Stiefel! Die kaufe ich. ○ Ich habe _____ Stiefel im Internet billiger gesehen.

5. ● Schau mal, mein Horoskop. ○ Haha! _____ Horoskop hatte ich letzte Woche!

b Ergänze die Demonstrativartikel aus 7a in der Tabelle.

	Nominativ	Akkusativ	
der			Schal/Trick
das	dasselbe		Horoskop
die	*dieselbe*	dieselbe	Jacke
die (Pl.)	dieselben		Stiefel

8 (→ KB 5) **Lies die E-Mail und ergänze derselbe, denselben, ...**

Hallo Jonas,

glaubst du wirklich, dass Karla sich heimlich mit einem anderen Jungen trifft? Ich kann dich gut verstehen, denn ___*dasselbe*___ (1) Problem hatte ich mit Lena. Ich kannte sie erst einen Monat und sie hat jeden Montagnachmittag _____ (2) Jungen aus der 12. Klasse getroffen. Die beiden haben jedes Mal _____ (3) Café besucht und zusammen Kaffee getrunken. Oh Mann, ich war so eifersüchtig!!! Sie haben sich sogar _____ (4) Torte bestellt! Ich habe die beiden beobachtet. Lena hat dem Typen immer die Fotos in ihrem Handy gezeigt. Er war jedes Mal total begeistert, obwohl sie schon ewig _____ (5) Fotos auf ihrem Handy hat. Irgendwann war ich ganz mutig und habe Lena gefragt, wer der Junge ist. Tja, was glaubst du, was sie gesagt hat? Der Typ ist ihr Halbbruder! Die beiden haben _____ (6) Mutter. Lena lebt bei ihrer Mutter und ihr Bruder beim Vater. Siehst du, manchmal gibt es eine ganz einfache Erklärung. Frag Karla einfach! Mach nicht _____ (7) Fehler wie ich. Ich habe damals viel zu lange gewartet!

Bis bald

Moritz

Wortbildung – Adjektive aus Verben mit *-bar* und *-lich*

9 **a Von welchem Verb kommt das Adjektiv? Schreib das Verb im Infinitiv.**

1. Du willst 1000 Meter in 10 Minuten schwimmen? Das ist nicht machbar.   *machen*

2. Das ist ein ganz gewöhnliches Handy. Alle haben dieses Modell.   _____

3. Das Computerspiel ist leider nicht mehr lieferbar.   _____

4. Niemand außer dir darf den Brief lesen. Er ist vertraulich.   _____

5. Joghurtbecher aus Plastik sind ganz leicht recycelbar.   _____

6. Dieser Satz ist auf Deutsch nicht leicht übersetzbar.   _____

b Mach aus dem Verb ein Adjektiv. Die Wortschlange hilft.

GEBÄRGERLICHIMPDANKBARÜLKUSERFORDERLICHYMSNÜTZLICHW
ÜVERGLEICHBARUZOTRENNBARÖMPFEN

1. ● Du solltest dich nicht so ärgern.   ○ Wieso nicht? Diese Sache ist wirklich sehr ___*ärgerlich*___.

2. ● Dafür musst du mir nicht danken.   ○ Aber ich bin wirklich sehr _____ für deine Hilfe!

3. ● Diese Aufgabe erfordert viel Geduld.   ○ Und Mut ist ebenfalls _____.

4. ● Für den Liebesbrief kann dir das Internet nützen.   ○ Also dafür finde ich das Internet gar nicht _____.

5. ● Man kann „Avatar" mit „Titanic" vergleichen.   ○ Quatsch, die sind überhaupt nicht _____!

6. ● Der Satz ist falsch. Du musst das Verb trennen.   ○ Ach so, das Verb ist _____?

13 Auf Reisen

1 (→ KB 2–3) **Wo passen die Relativsätze? Ergänze die Nummern.**

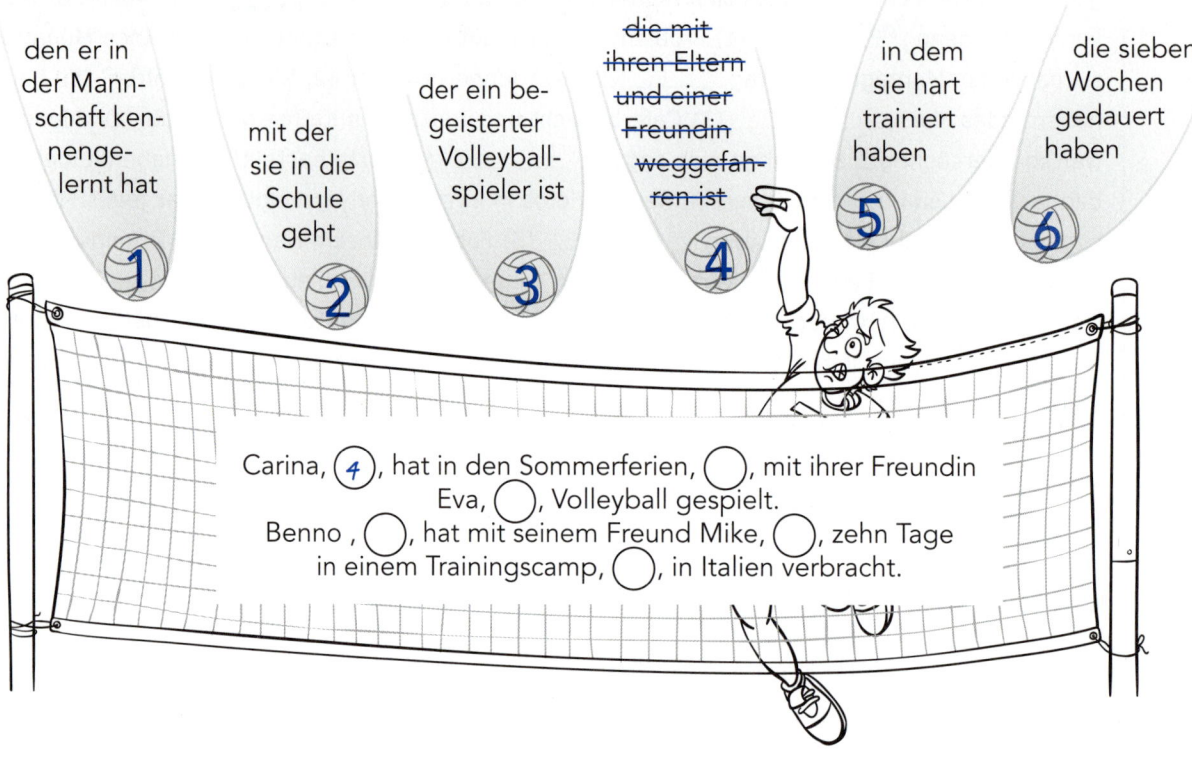

den er in der Mannschaft kennengelernt hat

mit der sie in die Schule geht

der ein begeisterter Volleyballspieler ist

~~die mit ihren Eltern und einer Freundin weggefahren ist~~

in dem sie hart trainiert haben

die sieben Wochen gedauert haben

1 2 3 4 5 6

Carina, ④, hat in den Sommerferien, ◯, mit ihrer Freundin Eva, ◯, Volleyball gespielt.
Benno , ◯, hat mit seinem Freund Mike, ◯, zehn Tage in einem Trainingscamp, ◯, in Italien verbracht.

2 (→ KB 2–3) **a Was passt zusammen? Verbinde.**

1. Die Party von Nico war super.

2. Die Schüler haben eine Ausstellung organisiert.

3. Mike fand den Ausflug in den Zoo peinlich und langweilig.

4. Lena hat mir tolle Fotos gezeigt.

5. Pascal ist mit seinem Vater lange geflogen.

A Im Zoo sah er einen traurigen Schimpansen.

B Pascal wollte in Australien surfen.

C Nico hat eine Party an seinem Geburtstag gemacht.

D Sie hat die Fotos beim Tauchen gemacht.

E Die Ausstellung zeigt die Ergebnisse ihrer Projekte.

b Verbinde die Sätze in 2a. Verwende Relativsätze für die Sätze A–E. Achte auch auf die Kommas.

1. Die Party, *die Nico an seinem Geburtstag gemacht hat, war super.*

2. Die Schüler haben *eine Ausstellung,*

3. Mike fand

4. Lena hat

5. Pascal,

3 (→ KB 4) **Ergänze die Sätze auf den Schildern.**

1. Bitte bleiben Sie _während der Fahrt_ im Bus angeschnallt!

während der Fahrt • während der Ferien • während der Pause • während des Fluges • während des Unterrichts

2. In der Schule ist das Essen _____ verboten.

3. Wichtig: _____ haben wir geänderte Öffnungszeiten.

4. Bitte _____ die Fenster öffnen!

5. Bitte beachten Sie: Mobiltelefone müssen _____ ausgeschaltet werden.

4 (→ KB 4) **Ersetze den markierten Satz mit *während* + Genitiv.**

die Fahrt mit dem Zug • der Urlaub • die Ferien • das Essen • der Flug

1. <u>Ich bin mit dem Zug gefahren</u> und habe einen Film angesehen.

Ich habe _während der Fahrt mit dem Zug_ einen Film angesehen.

2. <u>Wir machten Urlaub</u> und das Wetter war immer schön.

Das Wetter war _____ immer schön.

3. <u>Wir essen</u> und der Fernseher läuft.

Bei uns läuft _____ der Fernseher.

4. <u>Ich bin geflogen</u> und habe gut geschlafen.

Ich habe _____ gut geschlafen.

5 (→ KB 7) **a Vergleiche die Sätze mit der Zeichnung. Kreuze an: Was wird hier gemacht?**

☒ Das Jugendzentrum wird renoviert.

☐ B Der Boden wird geputzt.

☐ C Die Möbel werden bunt gestrichen.

☐ D Eine Wand wird neu gestrichen.

☐ E Ein Bild wird an die Wand gemalt.

☐ F Hier wird ein Regal gebaut.

☐ G Zwei Sofas werden in den Raum getragen.

b Ergänze die richtigen Sätze aus 3a in der Tabelle.

1. Das Jugendzentrum	wird	–	renoviert.
2.			
3.			
4.			
	Pos. 2: *werden*		**Satzende: Partizip II**

6 (→ KB 7) **Eine Fahrt ins Trainingscamp. Was wird gemacht? Schreib Sätze mit *man*.**

1. Zimmer werden für die Sportler reserviert.   *Man reserviert Zimmer für die Sportler.*

2. Die Sportler werden mit einem Bus abgeholt.   _____

3. Sie werden herzlich empfangen.   _____

4. Sie werden den ganzen Tag betreut.   _____

5. Der Sportplatz wird sehr häufig benutzt.   _____

7 (→ KB 7) **a Was passiert im Trainingscamp? Schreib das Partizip II hinter die Stichworte.**

1. Trainingspläne schreiben *geschrieben*

2. viel Wasser trinken _____

3. schwierige Übungen erklären _____

4. nach dem Spiel duschen _____

b Bei wem passieren die Dinge aus 5a? Schreib Sätze im Passiv Präsens.

Bei den Sportlern:	Bei den Trainern:
Viel Wasser	*Trainingspläne werden geschrieben.*

8 (→ KB 7) **a Passiv oder Futur? Passiert das gerade oder sind das Pläne von Pia und Nadja für die Zukunft? Ordne die Sätze den Zeichnungen zu.**

1. Das Gepäck wird gewogen. • 2. Jetzt werden wir gleich einsteigen. • 3. Die Bordkarten werden gedruckt. • 4. Wir werden das leckere Essen genießen. • 5. Die Koffer werden auf das Band gestellt. • 6. Die Ausweise werden kontrolliert. • 7. Ich freue mich so, ich werde die Akropolis sehen. • 8. Wir werden eine tolle Zeit am Strand verbringen.

Wird gerade gemacht: Sätze *1,* _____

Pläne für die Zukunft: Sätze _____

b Was ist richtig? Ergänze die Regeln.

Man bildet das **Passiv** mit werden + _____.

Partizip II • Infinitiv

Man bildet das **Futur** mit werden + _____.

9 Wann ist das? Ergänze *an/am, in/im* oder *um*.

1. Stefan spielt auch __im__ Sommer Eishockey.
2. Er hat _____ Samstag ein Spiel.
3. Das Spieler treffen sich _____ Nachmittag.
4. Das Spiel beginnt _____ 18.00 Uhr.
5. Esra hat _____ 17. Juli Geburtstag
6. _____ ihrem Geburtstag gibt es eine Party.
7. Die Party ist _____ 12 Uhr aus.
8. Esra räumt _____ der Nacht auf.

10 Zeitangaben machen. Ergänze die richtige Präposition.

ab • am • bis zur • in • nach • ~~seit~~ • von … bis

Juli   8 – 17 Uhr
2   9   16   23   30
3   10   17   24   31
4   11   18   25
5   12   19   26
6   13   20   27 *Ende*
7   14   21   28 *Praktikum*
1   8   15   22   29   ☺

August
6
7
1   8
2   9
3   10
4   11
5   12

1. Anton macht __seit__ zwei Wochen ein Praktikum.
2. Er arbeitet jeden Tag _____ acht _____ fünf.
3. _____ Mittagspause ist er total hungrig.
4. _____ der Pause arbeitet er nicht gern, denn da ist er müde.
5. Die Zeit vergeht _____ Nachmittag sehr langsam.
6. Er arbeitet noch _____ dieser Woche.
7. _____ Freitag hat er wieder frei!

Wortbildung – Substantive mit *-chen* und *-lein*

11 a Ergänze das passende Wort. Was ist im linken Substantiv anders? Markiere.

1. ● Schau mal, so ein süßes <u>Kätzchen</u>!
   ○ Oh ja, das ist eine süße kleine __Katze__.
2. ● Guck mal, das nette <u>Männlein</u>.
   ○ Meinst du den kleinen _____ auf der Ampel?
3. ● Wir waren da in so einem <u>Städtchen</u>!
   ○ Wie heißt sie denn, die kleine _____?
4. ● Wie bitte? Das <u>Köfferchen</u> wiegt 20 Kilo?
   ○ Was hast du denn in dem kleinen _____?
5. ● Von wem hast du das <u>Ringlein</u>?
   ○ Das ist ein alter _____ von meiner Mutter.

b Ergänze die Regel.

-chen und *-lein* machen alles klein. Der Artikel ist immer _____.

c Wie ist das bei den Zwergen? Bilde Substantive auf *-chen*.

Haus   Die Zwerge wohnen in kleinen __Häuschen__.

Hose   Alle tragen blaue _____, nur der Zwergenpapa hat ein rotes _____.

Dorf   Der böse Zauberer Pokushokus sucht ihr kleines _____.

Garten   Ein Gartenzwerg arbeitet immer in seinem _____.

Blume   Sogar kleine _____ sind für die Zwerge sehr groß.

14 Kaufen und schenken

1 (→ KB 3–4) **a Wofür steht das unterstrichene Wort? Markiere im Satz links.**

1. ● Nicole hat sich über die dreckige Turnhalle beschwert.
   ○ Darüber beschwert sie sich jedes Mal!

2. ● Ich freue mich auf den Flohmarkt morgen!
   ○ Oh ja! Darauf freue ich mich auch total.

3. ● Ich habe keine Lust mehr mit Handykarte zu telefonieren. Ich will einen Handyvertrag.
   ○ Du musst dich vorher aber genau darüber informieren!

4. ● Oh nein! Ich habe den Geburtstag von Tante Gisela vergessen!
   ○ Ich habe dich doch am Wochenende noch daran erinnert!

5. ● Dieses Jahr will Oskar auch Geld für den WWF spenden.
   ○ Ach ja? Letztes Jahr hat er sich dagegen entschieden.

6. ● Das T-Shirt von CHEFF? Eine gute Wahl! Das kostet 49,90 Euro.
   ○ Wie bitte?! So viel Geld will ich dafür nicht ausgeben.

b Mit oder ohne *r*? Bilde Wörter. Die Sätze in 1a helfen.

1. da + von = _davon_
2. da + für = _____
3. da + über = _____
4. da + auf = _____
5. da + gegen = _____
6. da + an = _____

2 (→ KB 3–4) **a Ergänze die Sätze mit einer Präposition oder einem Fragewort mit *wo(r)*-.**

1. ● Worauf achtest du?
   ○ _Auf_ _____ gute Qualität.

2. ● Mit wem hast du sie verwechselt?
   ○ _____ seiner Schwester.

3. ● _____ hast du geträumt?
   ○ Vom Fliegen.

4. ● _____ erinnerst du dich?
   ○ An meinen ersten Urlaub.

5. ● Wofür interessierst du dich?
   ○ _____ Sternzeichen und Sport.

b Ergänze die Tabelle.

Verb mit Präposition	wo(r) + Präposition	da(r) + Präposition
achten _____	worauf?	darauf
sich erinnern _____	_____?	daran
sich entscheiden _für_ / _____	_____? / _____?	_____ / _____
sich beschweren _über_	_____?	darüber
sich interessieren _____	_____?	_____
verwechseln _____	womit?	_____
träumen _____	_____?	

3 (→ KB 3–4) **a Was passt zusammen? Verbinde.**

1. Einen Einkaufsbummel?		Darauf		habe ich heute keine Zeit.
2. Große Hunde?		Dafür		habe ich überhaupt keine Angst.
3. Aufräumen?		Davor		habe ich gar keine Lust.

b Ergänze die Tabelle.

Nomen + *haben* + Präposition	*wo(r)* + Präposition	*da(r)* + Präposition
Angst haben _vor_	Wovor?	*davor*
Lust haben _____	_____?	darauf
Zeit haben _____	_____?	_____

4 (→ KB 3–4) **Lies die E-Mail und ergänze *da(r)* + Präposition.**

Hi Marco,

bald sind Ferien, juhu! Wir wollten doch im Sommer wieder eine Fahrradtour machen. Also,

ich habe total Lust _darauf_____ (1), und du? Wir könnten wieder zelten. Hotels sind mir zu

teuer. _____ (2) will ich kein Geld ausgeben. Ich finde, wir sollten dieses Jahr nach

Ostdeutschland fahren – an der Elbe entlang. Meinst du, es gibt dort gute Radwege? Hast

du Zeit, dich _____ (3) zu informieren? Wir sollten auch _____ (4) achten,

dass es unterwegs genug Campingplätze gibt. Oh, und ich muss mich um einen Kocher

kümmern. _____ (5) hatten wir letztes Jahr gar nicht gedacht. Kannst du dich

noch _____ (6) erinnern? Das war echt doof! Also, ich gehe gleich ins Internet und

schaue mal ...

5 (→ AB 5) **a Welches Bild passt zu welchem Satz? Notiere.**

Ⓑ   A Je mehr Kolja Keiko mag,
        desto häufiger geht er mit ihr in die Cafeteria.

◯   B Je länger Keiko neben Kolja sitzt,
        desto süßer findet er sie.

◯   C Je besser Kolja Keiko kennt,
        desto mehr mag er sie.

    D Je häufiger Kolja mit Keiko in die Cafeteria geht,
        desto eifersüchtiger sind die anderen Jungen.

b Markiere in den Sätzen alle Wörter nach *je* und *desto*. Ergänze dann die Regel.

Nach *je* und *desto* steht immer ein _____ im Komparativ.

6 (→ AB 5) **Ergänze die Sätze mit den passenden Adjektiven im Komparativ.**

1. Je _öfter_ (oft) man mit dem Fahrrad zur Schule fährt, desto _____ (fit) wird man.

2. Je _____ (wenig) Strom man verbraucht, desto _____ (viel) Geld kann man sparen.

3. Je _____ (hoch) die Müllberge werden, desto _____ (schlimm) wird die Umwelt verschmutzt.

4. Je _____ (viel) Ressourcen wir verbrauchen, desto _____ (selten) werden sie.

5. Je _____ (wenig) Plastiktüten man benutzt, desto _____ (gut) ist das für die Umwelt.

7 (→ KB 7–8) **a Markiere in den Sätzen mit zwei Farben Akkusativ und Dativ.**

1. Thomas und Carola geben Felix ein großes Geschenk.

2. Sie schenken es ihm zum Geburtstag.

3. Carola bringt ihm einen Kuchen mit.

4. Sie zeigt ihn Felix ganz stolz.

5. Thomas schenkt Felix auch einen Handyanhänger.

6. Er gibt ihn ihm aber erst später.

b Ergänze die Tabelle mit den Sätzen aus 7a.

2 Nomen			Dativ vor Akkusativ	
	Thomas und Carola	geben	Felix	ein großes Geschenk.
	Thomas	*schenkt*	*Felix auch*	
1 Pronomen			**Pronomen vor Nomen**	
	Carola	bringt	ihm	einen Kuchen	mit.
2 Pronomen			**Akkusativ vor Dativ**	
	Sie	schenken	es	ihm	zum Geburtstag.

8 (→ KB 7–8) **Ersetze die unterstrichenen Wörter mit Pronomen.**

1. Ich gebe Julia <u>meinen MP3-Player</u> nicht.   *Ich gebe ihn Julia nicht.* _____

2. Marco leiht <u>seiner Schwester</u> die Jacke.   _____

3. Marco erklärt den Gästen <u>das Spiel</u>.   _____

4. Oma kauft uns <u>Gummibärchen</u>.   _____

5. Leo empfiehlt <u>Jens</u> <u>das Restaurant</u>.   _____

6. Ich schenke <u>Tim und Nina</u> die Bücher.   _____

7. Onkel Peter repariert mir <u>die Fahrradklingel</u>.   _____

9 (→ KB 7–8) **Ergänze die Lücken mit zwei Pronomen.**

> sie ihnen • es dir • ihn euch • ~~sie ihr~~ • es ihr • ihn ihm

1. ● Ist das eine J-Pop-CD für Anna? ○ Ja, ich schenke __sie ihr__ zum Abschied.

2. ● Robbie, schenkst du Keiko dein neues Lied? ○ Nein, ich schenke _____ nicht.

3. ● Oh cool, ein neues Lied, Robbie? ○ Ja, warte. Ich singe _____ gleich vor.

4. ● Keiko und Anna wollen deine neuen Schuhe sehen. ○ Ich zeige _____ gleich.

5. ● Ist der Knochen für Plato? ○ Ja, ich gebe _____, wenn ich nach Hause komme.

6. ● Hey Anton, wir brauchen mal deinen Zauberstab. ○ Ich leihe _____ aber nicht.

10 (→ KB 10) **In der Theater-AG. Schreib die Anweisungen mit Infinitiv.**

1. Elsie, hör mit dem Schminken auf!   *Elsie, mit dem Schminken aufhören!*

2. Lauf nicht so schnell, Lea.   *Lea, nicht so* _____

3. Richte den Blick zur Seite, Lea.   _____

4. Timo, zeig mehr die Zähne!   _____

5. Geh etwas weiter in die Mitte.   _____

6. So, spielt alles noch mal von vorne.   _____

Wortbildung – Kurzwörter: *die Info*

11 **a Was heißen die unterstrichenen Kurzwörter? Wähl aus dem Kasten.**

1. Vor dem <u>Abi</u> muss ich noch total viel lernen. __das Abitur__

2. Also, ich gehe nach dem Abi auf die <u>Uni</u>, und du? _____

3. Jetzt singe ich! Gib mir mal das <u>Mikro</u>. _____

4. Für die Pizza brauchen wir ein <u>Kilo</u> Mehl. _____

5. Ist dein <u>Krimi</u> spannend? – Es geht. _____

6. Wir haben heute kein Mathe? Woher hast du die <u>Info</u>? _____

> Kilometer • Abiball •
> Uni-Mensa • Krimineller •
> Informatik • Unsinn •
> Mikrowelle • Kilogramm •
> Universität • Information •
> Kriminalroman •
> Mikrofon • ~~Abitur~~

b Wie kann man das mit Kurzwörtern sagen? Schreib auf.

1. der Test in Biologie. – __der Test in Bio__   3. eine coole Diskothek – _____

2. eine Eins in Geografie – _____   4. der leere Akkumulator – _____

15 Töne und Bilder

1 (→ KB 3) **a Was ist beim Konzert passiert? Ordne zu.**

1. _C_ Zuerst wurden

2. ___ Vor dem Konzert wurde

3. ___ Die Musiker wurden

4. ___ Zwei Stunden lang wurde

5. ___ Nach dem Konzert wurden

A vom Publikum auf der Bühne begrüßt.

B ohne Pause Musik gemacht.

C die Instrumente auf die Bühne gebracht.

D CDs und DVDs der Band verkauft.

E das Licht kontrolliert.

b Schreib die Sätze 1–3 in die Tabelle.

	Pos. 2: *werden* im Präteritum		Satzende: Partizip II
1. *Zuerst*	*wurden*	*die Instrumente*	
2. *Vor dem Konzert*			
3. *Die Musiker*			
		Passiv Präteritum	

2 (→ KB 3) **Die Talentshow. Ergänze die passende Form von *wurde*.**

1. Ich _____wurde_____ von meiner Freundin für das Casting angemeldet.

2. Bei der Show _____ wir mit Applaus auf der Bühne begrüßt.

3. Von wem _____ du zur Show begleitet?

4. _____ ihr von der Jury kritisiert?

5. _____ deine Freunde auch zu Show eingeladen?

> ~~wurde~~ •
> wurden •
> wurden •
> wurdest •
> wurdet

3 (→ KB 3) **Opa erzählt. Lies die Sätze 1–6 im Passiv Präteritum. Welche Form ist falsch? Streich durch.**

Ach Opa!

> *Früher hat man noch selbst Musik gemacht. Und man hat oft Lieder gesungen. Man hat das Taschengeld für wichtige Dinge gespart. Man hat die Kleider von den größeren Geschwistern getragen. Man hat fast nie neue Sachen gekauft. Gleich nach der Schule hat man die Hausaufgaben gemacht.*

1. Früher ~~werden~~ / wurde noch selbst Musik gemacht.

2. Und oft wurden Lieder singen / gesungen.

3. Das Taschengeld wurde / wurden für wichtige Dinge gespart.

4. Die Kleider von den größeren Geschwistern wurden / wird getragen.

5. Fast nie wurden neue Sachen kaufte / gekauft.

4 (→ KB 5) **a Was passierte wann im Leben der Sängerin Lena? Kreuze an.**

beginnt mit Ballett
und Jazztanz

Casting-Show für Europäischen
Song-Wettbewerb

1. Platz beim Europäischen
Song-Wettbewerb

| 1991 | 1996 | 2007 | 2009 | 2010 | 2011 |

30. Mai in
Hannover geboren

Beginn der
Schulzeit

erste Songs mit
einem Schulfreund

Abitur

Studium an der
Universität Köln

1. Bevor Lena erste Songs aufnahm, lernte sie Ballett und Jazztanz.

☐ Zuerst nahm Lena erste Songs auf.

☐ Zuerst lernte Lena Ballett und Jazztanz.

2. Während sie noch zur Schule ging, nahm sie 2007 mit einem Schulfreund erste Songs auf.

☐ 2007 war Lena noch Schülerin und nahm erste Songs auf.

☐ Nach ihrem Schulabschluss nahm sie erste Songs auf.

3. Seit Lena Konzerte macht, hat sie keine Zeit mehr für Ballettstunden.

☐ Früher hatte Lena Ballettstunden.

☐ Lena hat immer noch Ballettstunden.

b *bevor, seit* **oder** *während*? **Welcher Satz ist richtig? Kreuze an.**

1. ☒ Bevor sie 2009 in der Casting-Show auftrat, …　　war sie in Deutschland total unbekannt.

　☐ Während sie 2009 bei der Casting-Show auftrat, …

2. Ⓐ Seit sie 2010 beim Song-Wettbewerb sang, …　　saßen in Deutschland 15 Millionen Leute vor dem Fernseher.

　Ⓑ Während sie beim Song-Wettbewerb sang, …

3. Ⓐ Bevor sie den Song-Wettbewerb gewann, …　　ist sie in Deutschland ein Star.

　Ⓑ Seit sie den Song-Wettbewerb gewann, …

4. Ⓐ Seit Lena für neue Konzerte probt, …　　konzentriert sie sich auf ihr Studium.

　Ⓑ Bevor Lena für neue Konzerte probt, …

5 (→ KB 5) **Ergänze** *bevor, seit* **oder** *während*.

1. Thea konnte schon schreiben, _**bevor**_ sie in die Schule ging.　2. _____ sie im Unterricht saß, war ihr oft langweilig.　3. Dann bekam die Klasse einen Gastschüler. _____ Sam in die Schule kam, konnte er kein Deutsch.　4. _____ die anderen Schüler schreiben übten, konnte sie mit ihm Deutsch sprechen.　5. Sam lernte ziemlich schnell Deutsch, _____ er Thea kannte.　6. Er sprach auch am Nachmittag Deutsch, _____ er mit seinen Freunden spielte.　7. _____ Sam die Schule wieder verließ, machte die Klasse ein großes Fest.　8. _____ Sam wieder in Kanada lebt, chatten Thea und er täglich.

15

6 (→ KB 5) **Schreib die Sätze fertig.**

1. Jennifer hört jede Nacht lange Musik,   _bevor sie schlafen geht._____
   (bevor / gehen / sie / gehen)

2. Sie bekommt auch gute Laune und fühlt sich wohl,   _____
   (während / ihre Lieblingssongs / sie / hören)

3. Gustav findet viele Freunde,   _____
   (seit / er / sich interessieren / für Musik)

4. Er diskutiert im Internet über Musik,   _____
   (während / er / Radio / hören / in seinem Zimmer)

5. Emil findet super, dass ihn niemand stört,   _____
   (seit / hören / er / laut / Musik / immer)

7 (→ KB 6–7) **Was passt? Ergänze die Sätze.**

als • als • bevor • bis • nachdem • seit • während • wenn

1. ___Als_____ die Schüler hörten, dass eine Gastschülerin kommt, waren sie neugierig.

2. Die Jungen waren total begeistert, _____ sie Keiko das erste Mal sahen.

3. _____ die Jungen Keiko die Cafeteria gezeigt hatten, wollte sie einen Schokokuchen kaufen.

4. Man kann aber in der Cafeteria nur bezahlen, _____ man eine Geldkarte hat.

5. Es dauerte noch ein paar Wochen, _____ Keiko alles richtig machte.

6. _____ Pia und Nadja die Wände im Jugendzentrum strichen, baute Keiko ein Regal.

7. Kolja ist total verliebt, _____ er Keiko kennt.

8. _____ Keiko zurück nach Japan fliegt, will Kolja viel Zeit mit Keiko verbringen.

8 (→ KB 6–7) **Was passt: *weil, dass* oder *obwohl*? Kreuze an.**

1. Marlene liebt Animationsfilme, ☐ weil ☐ dass ☒ obwohl sie oft für Kinder sind.

2. Dennis findet, ☐ weil ☐ dass ☐ obwohl gute Filme technisch gut gemacht und spannend sein müssen.

3. Dennis zieht sein Darth-Vader-Kostüm nicht mehr an, ☐ weil ☐ dass ☐ obwohl nur noch die Maske passt.

4. Pedro ist ein Fan von den Simpsons, ☐ weil ☐ dass ☐ obwohl er Cartoons und Zeichentrickfilme normalerweise überhaupt nicht mag.

5. Lisa hat alle Herr-der-Ringe-Filme gesehen, ☐ weil ☐ dass ☐ obwohl sie die Geschichte und die Schauspieler einfach toll findet.

6. Lisa hat von ihrem Onkel einen Ring bekommen und glaubt, ☐ weil ☐ dass ☐ obwohl er ihr Glück bringt.

9 (→ KB 6–7) **Such die Relativsätze in der Wortschlange und schreib sie zum passenden Satz.**

ASDFIELADIEIHREINEFREUNDINGESCHENKTHATMALAKISFODA
DENERRICHTIGKOMISCHFINDETGESILAFOMPROLYNGDIEAUCH
FANARTIKELSAMMELNFRIHASTWEDIEERIMKARNEVALANZIEHTGR
OZPÜRENSTINDEMALLEGEGENDASBÖSEKÄMPFENBYRASOLETC
VWWÄLMÖPINDENENESGUTESPECIALEFFECTSGIBTBRQWEIOTATI

1. Dennis liebt die Maske von Darth Vader, _____.

2. Er mag alle Filme gern, _____.

3. Marlene liebt die „Minions"-Klingel, _____.

4. Pedro und sein Vater sind Simpsons-Fans, _____.

5. Er mag besonders Homer Simpson, _____.

6. Lisa freut sich auf den nächsten Film, _____.

10 (→ KB 6–7) **Schreib Relativsätze. Achte auf die richtige Stelle im Satz.**

1. Die Schauspieler sehen toll aus. Sie spielen in „Herr der Ringe".

   Die Schauspieler, *die in „Herr der Ringe" spielen, sehen toll aus.*___

2. Der Ring ist Lisas Glücksbringer. Sie trägt ihn jeden Tag.

   Der Ring, _____

3. Dennis' Eltern haben die „Star-Wars"-Filme auf DVD. Er hat sie alle gesehen.

   Dennis' Eltern _____

4. Marlene findet die Minions toll. Sie ist kein Kind mehr.

   Marlene _____

Wortbildung – Wörter auf *-tion, -ik, -thek(e), -ität*

11 a Notiere die Artikel der Substantive.

~~Das ist ja eine Sensation!~~ Ins Kino gehen – das ist meine liebste Aktivität.

Gibt es in deiner Stadt eine Universität? Steig an der Station „Rathaus" aus!

Ich liebe Grammatik! ;-)) Welche Musik hörst du am liebsten?

Warst du gestern in der Diskothek? Wo gibt es denn hier eine Apotheke?

*die*___ Sensation _____ Apotheke _____ Musik _____ Universität

_____ Station _____ Diskothek _____ Grammatik _____ Aktivität

b Ergänze den bestimmten Artikel in der richtigen Form.

1. Wie gefällt dir *die*___ Präsentation? 2. Auf der Bühne war _____ Nervosität plötzlich weg.

3. _____ Technik fasziniert mich sehr. 4. Das ist mir neu. Woher hast du _____ Information?

5. Lea macht ein Praktikum in _____ Fabrik. 6. Such das Buch doch in _____ Bibliothek.

16 Finale

1 a Ergänze die Verben im Präteritum.

Die kleine Hexe

Es _war_ (sein; 1) einmal eine kleine Hexe. Sie _____ (wollen; 2) mit den großen Hexen

in der Walpurgisnacht auf den Blocksberg fliegen. Die kleine Hexe _____ (dürfen; 3)

aber noch nicht mitkommen, weil sie mit 127 Jahren noch zu jung _____ (sein; 4).

Also _____ (fliegen; 5) die kleine Hexe heimlich zum Blocksberg. Leider _____

(entdecken; 6) sie eine andere Hexe und die kleine Hexe _____ (bekommen; 7) eine Strafe:

Sie _____ (müssen; 8) ein Jahr lang eine „gute" Hexe sein. Ihr Rabe Abraxas

_____ (helfen; 9) ihr dabei. Sie _____ (retten; 10) zum Beispiel ein Tier vor

dem Tod und _____ (zeigen; 11) Kindern den richtigen Weg nach Hause. Nach einem

Jahr _____ (erzählen; 12) die Hexe Rumpumpel den Hexen davon. Das _____

(machen; 13) die anderen Hexen wütend, denn eine gute Hexe ist man nur, wenn man böse Dinge

tut. Nun _____ (werden; 14) die kleine Hexe wieder bestraft.

(nach einer Geschichte von Otfried Preußler)

b Ordne die Ausdrücke den Bildern zu. Erzähle dann das Ende der Geschichte.

(___) allein um das Feuer tanzen　　　(_1_) Holz für das große Feuer sammeln müssen

　　　(___) den anderen Hexen Besen und Zauberbücher wegnehmen　　(___) die einzige gute Hexe sein

(___) einen Zauberspruch sprechen　　(___) alles ins Feuer werfen

　　　(___) die anderen Hexen nicht mehr zaubern können

Die kleine Hexe musste Holz für das große Feuer sammeln.

_____

_____

_____

_____

2 Ergänze die Präpositionen im Gespräch. Achte auf *r* bei *wo-* und *da-*, wenn nötig.

● *Worüber* denkst du denn gerade nach?

○ *über* die Projektwoche. Ich weiß nicht, welches Projekt ich wählen soll.

● Tja, da_____ habe ich auch schon nachgedacht.

○ Wo_____ interessierst du dich am meisten?

● _____ das Ökoprojekt.

○ Echt? Da_____ interessiere ich mich überhaupt nicht.

3 Findet Plato die Wurst? Die richtigen Präpositionen helfen. Markiere den Weg.

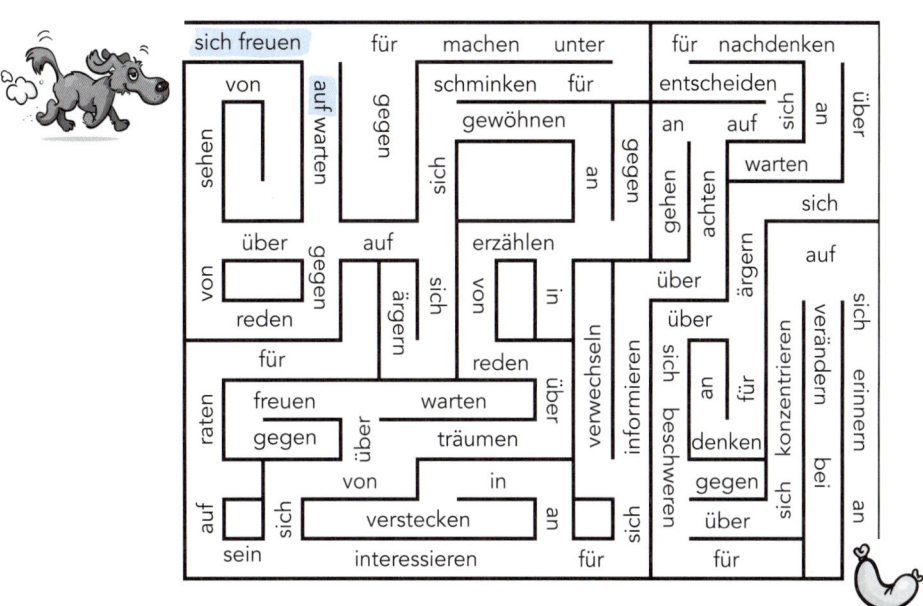

4 Vergleiche und schreib Sätze. Verwende die Ausdrücke aus dem Kasten.

ein Viertel • doppelt so teuer wie • die Hälfte • das Doppelte • ein Drittel billiger als

1. Tarif E-Minus: 5 €/Monat / Tarif Teleplus: 20 €/Monat

   Der Tarif E-Minus kostet nur _____ *ein Viertel* _____ von dem Tarif Teleplus.

2. Cola: 1,50 € / Zitronenlimonade: 1,00 €

   Die Zitronenlimonade ist _____ die Cola.

3. Fernseher „Gelbpunkt": 500 € / Fernseher „Perspekt": 1000 €

   Der Fernseher „Perspekt" kostet _____ vom Fernseher „Gelbpunkt".

4. Smartphone „2 Touch": 400 € / Smartphone „Wisch": 200 €

   Das Smartphone „2 Touch" ist _____ das Smartphone „Wisch".

5. Schuhe Sadibas: 50 € / Schuhe Luna: 100 €

   Die Schuhe Sadibas kosten _____ von den Schuhen Luna.

16

5 Beschreib die Clique mit Relativsätzen.

Sie nimmt ihn fast immer mit. • Kolja hat sich
in sie verliebt. • Mit ihr chattet sie oft. •
Ihm gefällt jetzt Reggae besser als Rockmusik. •
Von ihnen lernt sie viel über deutsche Kultur. •
~~Er will ein berühmter Slackliner werden.~~

Kolja Keiko Nadja Plato Pia Paul Robbie Anton

1. Anton, _der ein berühmter Slackliner werden will_ _____, übt fleißig.

2. Pia hat einen Hund, _____.

3. Robbie ist der Rockstar, _____.

4. Nadja hat eine Freundin in Frankreich, _____.

5. Keiko ist eine Schülerin aus Japan, _____.

6. Keiko freut sich über ihre neuen Freunde, _____.

6 Schreib Relativsätze mit wo.

1. Dies ist die Schule, in der sich Nadja und Robbie kennengelernt haben.

   Das ist die Schule, _wo sich Nadja und Robbie kennengelernt haben_ .

2. Die Clique hat das Jugendzentrum renoviert, in dem Robbies Band schon mal gespielt hat.

   Die Clique hat das Jugendzentrum renoviert, _____.

3. Pia und Nadja waren im Park spazieren, in dem Plato plötzlich verschwunden ist.

   Pia und Nadja waren im Park spazieren, _____.

4. Pia hat ein Praktikum in der Tierarztpraxis gemacht, in der sie viele Hunde gepflegt hat.

   Pia hat ein Praktikum in der Tierarztpraxis gemacht, _____.

7 Ergänze die Wörter in Klammern im Genitiv.

Ein Kunde in einem Tiergeschäft fragt: „Was kostet denn dieser Papagei da?" Der Besitzer
des Geschäfts (das Geschäft; 1) antwortet: „500 €." – „Warum ist er so teuer?", fragt der

Kunde. „Wegen _____ (die Sprache; 2). Er kann super sprechen und bis 100 zählen."

Der Kunde sieht einen anderen Papagei. „Und was kostet der da?" Der Besitzer antwortet:

„1000 €, wegen _____ (das Talent; 3). Er spricht drei Sprachen und hat drei Bücher

im Kopf!" Ganz hinten sieht der Kunde jetzt einen kleinen, alten und hässlichen Papagei und

fragt: „Und der Vogel da hinten? Er kostet doch sicher viel weniger, oder?" – „Aber nein,

trotz _____ (das Alter; 4) und trotz _____ (diese Hässlichkeit; 5)

kostet er 2000 €." Der Kunde ist überrascht: „Wie bitte? Was ist denn das Talent

_____ (dieser Vogel; 6)?" „Ich weiß es auch nicht, denn der hat noch

nie gesprochen. Aber die beiden anderen Papageien nennen ihn _Chef_."

8 a **Früher und heute. Was wurde gemacht? Wie wird es heute gemacht? Verbinde.**

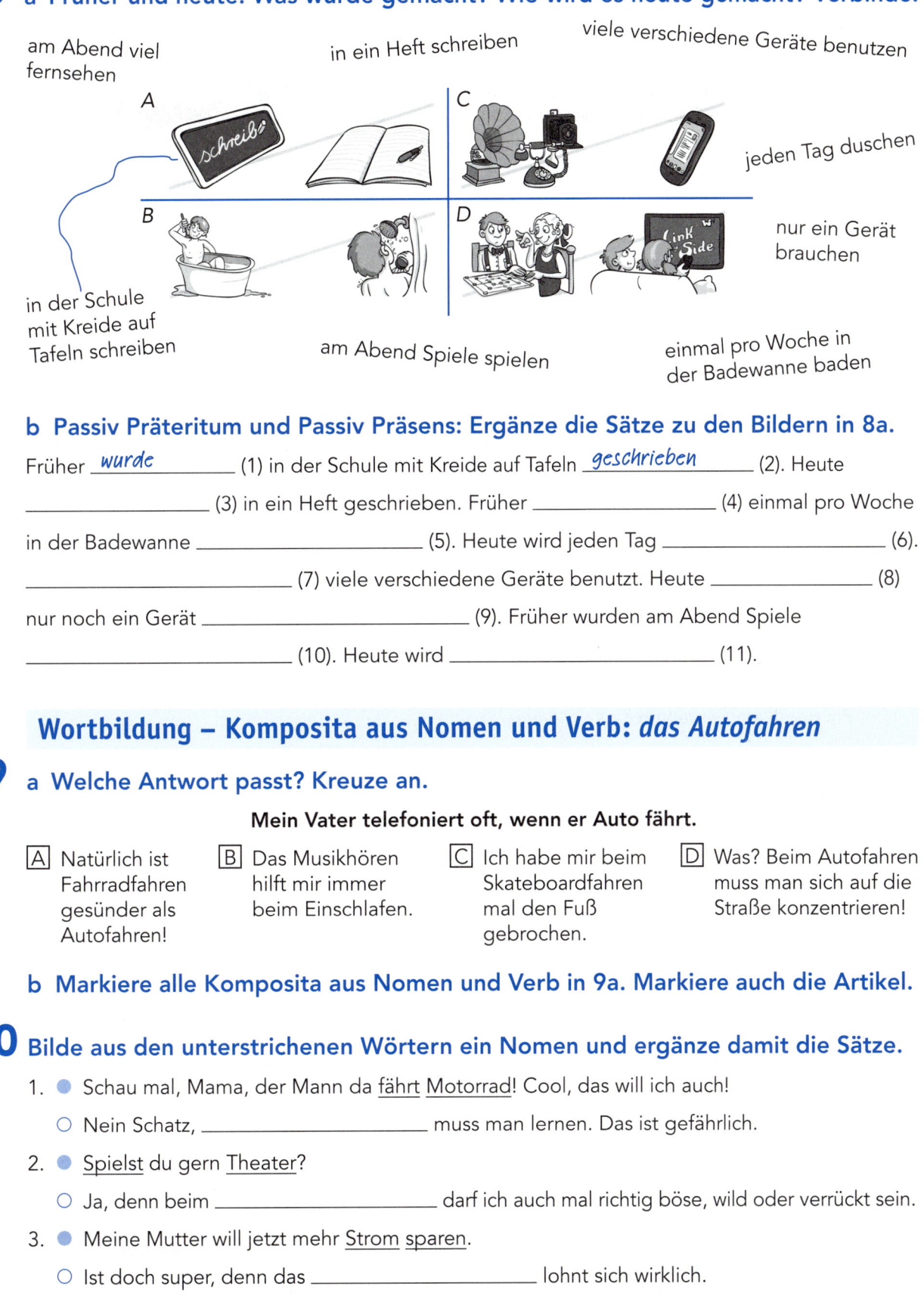

am Abend viel fernsehen

in ein Heft schreiben

viele verschiedene Geräte benutzen

A

C

jeden Tag duschen

B

D

nur ein Gerät brauchen

in der Schule mit Kreide auf Tafeln schreiben

am Abend Spiele spielen

einmal pro Woche in der Badewanne baden

b **Passiv Präteritum und Passiv Präsens: Ergänze die Sätze zu den Bildern in 8a.**

Früher ___*wurde*___ (1) in der Schule mit Kreide auf Tafeln ___*geschrieben*___ (2). Heute

_____ (3) in ein Heft geschrieben. Früher _____ (4) einmal pro Woche

in der Badewanne _____ (5). Heute wird jeden Tag _____ (6).

_____ (7) viele verschiedene Geräte benutzt. Heute _____ (8)

nur noch ein Gerät _____ (9). Früher wurden am Abend Spiele

_____ (10). Heute wird _____ (11).

Wortbildung – Komposita aus Nomen und Verb: *das Autofahren*

9 a **Welche Antwort passt? Kreuze an.**

Mein Vater telefoniert oft, wenn er Auto fährt.

A Natürlich ist Fahrradfahren gesünder als Autofahren!

B Das Musikhören hilft mir immer beim Einschlafen.

C Ich habe mir beim Skateboardfahren mal den Fuß gebrochen.

D Was? Beim Autofahren muss man sich auf die Straße konzentrieren!

b **Markiere alle Komposita aus Nomen und Verb in 9a. Markiere auch die Artikel.**

10 **Bilde aus den unterstrichenen Wörtern ein Nomen und ergänze damit die Sätze.**

1. ● Schau mal, Mama, der Mann da <u>fährt</u> <u>Motorrad</u>! Cool, das will ich auch!

   ○ Nein Schatz, _____ muss man lernen. Das ist gefährlich.

2. ● <u>Spielst</u> du gern <u>Theater</u>?

   ○ Ja, denn beim _____ darf ich auch mal richtig böse, wild oder verrückt sein.

3. ● Meine Mutter will jetzt mehr <u>Strom</u> <u>sparen</u>.

   ○ Ist doch super, denn das _____ lohnt sich wirklich.

Grammatikübersicht

Sätze: Aussagesätze, Fragen und Aufforderungen

Aussagesätze

Peter	wohnt	in Berlin.	
Peter	steht	immer um 6.45 Uhr	auf.
Am Wochenende	muss	er nicht in die Schule	gehen.
Am Sonntag	ist	er in die Kletterhalle	gegangen.
Ihr	werdet	euch lange nicht	sehen.
Zwei Sofas	werden	in den Raum	getragen.

W-Fragen

Position 1	Position 2: Verb		Satzende
Wie	heißt	du?	_
Wann	stehst	du morgens	auf?
Was	willst	du nach der Schule	machen?
Warum	bist	du gestern nicht	gekommen.
Worauf	freust	du dich am meisten?	

Ja-/Nein-Fragen

Magst	du Musik?	
Rufst	du heute Abend	an?
Wollt	ihr heute zu mir	kommen?
Kannst	du mich heute	anrufen?
Hast	du an deinem Geburtstag eine Party	gefeiert?

Aufforderungen

Position 1 Verb		Satzende
Hilf	mit bitte!	
Kommt	doch auch	mit!
Hören	Sie bitte gut	zu!

Sätze verbinden

und, oder, aber, denn, sondern

1. Ich	möchte	viele Freunde haben	**und**	ich	habe	viele Freunde.
2. Ich	möchte	viele Freunde haben,	**aber**	ich	habe	keine Freunde.
3. Ich	möchte	viele Freunde haben	**oder**	(ich	möchte)	einen guten Freund haben.
4. Ich	möchte	viele Freunde haben,	**denn**	ich	bin	nicht gern allein.
5. Ich	möchte	nicht viele Freunde haben,	**sondern**	(ich	möchte)	gute Freunde haben.
	Pos. 2: Verb			**Pos. 0**		**Pos. 2: Verb**	

deshalb/darum/deswegen, trotzdem, außerdem, also

Lukas mag Frankreich.	**Deshalb/Darum/Deswegen**	lernt	er Französisch.	
Julia schläft gern lang,	**trotzdem**	muss	sie früh	aufstehen.
Julia klettert oft.	**Außerdem**	spielt	sie Volleyball.	
Julia ist sehr sportlich,	**also**	möchte	sie Sport	studieren.
	Position 1	**Pos. 2: Verb**		

Nebensätze: indirekte Fragen

Kolja fragt,	**warum**	der Rucksack leer	ist.
Kolja weiß nicht,	**wann**	er nach Hause	kommen soll.
Kolja will wissen,	**ob**	Keiko den Brief	bekommen hat.
	W-Wort		**Satzende: Verb**
Hauptsatz		**Nebensatz**	

Wann soll ich nach Hause kommen?

Hat Keiko den Brief bekommen?

Infinitivsätze mit zu

Es ist unmöglich,	genau wie Michael Jackson	**zu** tanzen.
Eva hat keine Lust,	beim Tanzkurs	mit**zu**machen.
Hauptsatz		**Infinitiv mit zu**

Infinitivsätze mit um ... zu

Lisa schaltet das Licht aus,	um	Strom	**zu** sparen.
Ich stehe früh auf,	um	pünktlich in der Schule	an**zu**kommen.
Hauptsatz		**Nebensatz**	

Nebensätze

Hauptsatz		Nebensatz	Satzende: Verb
Eva hat viel Spaß,	**wenn**	sie mit ihren Freundinnen	schwimmen kann.
Ich war froh,	**wenn**	ich dein Lächeln	gesehen habe.
Mischa ist müde,	**weil**	er zwei Stunden lang	trainiert hat.
Viele Leute finden,	**dass**	Parkour total verrückt	ist.
Eva war sehr glücklich,	**als**	sie zum ersten Mal Moped	fuhr.
Es dauert noch ein Jahr,	**bis**	ich mit der Schule fertig	bin.
Keiko trinkt nichts,	**obwohl**	sie großen Durst	hat.
Wir sind sehr müde,	**nachdem**	wir zwei Stunden lang	gelaufen sind.
Ich rede mit ihm,	**damit**	er auch über das Klima	nachdenkt.
Lisa hat mitgemacht,	**damit**	sie etwas	verändern kann.
Thea konnte lesen,	**bevor**	sie in die Schule	ging.
Emil findet neue Freunde,	**seit**	er sich für Musik	interessiert.
Sam sprach Deutsch,	**während**	er mit seinen Freunden	spielte.

Nebensatz vor Hauptsatz

Nebensatz		Verb	Hauptsatz	Satzende
Bevor Sam in die Schule kam,	–	konnte	er kein Deutsch.	
Wenn Kira einen DVD-Abend macht,	(dann)	will	sie über den Film	reden.
Als Hannah in die dritte Klasse ging,	–	begann	sie mit dem Klavierunterricht.	

Relativsätze

Hauptsatz	Relativpronomen	Nebensatz	Satzende: Verb
Herr Bäumler ist der Hausmeister,	der	die kaputte Tafel	repariert.
Herr Bäumler ist der Hausmeister,	den	wir um Hilfe	bitten.
Das ist mein Chemiebuch,	das	ich für den Test	brauche.
Cádiz ist eine Stadt,	die	ich sehr interessant	finde.
Elias wohnt im Zentrum,	wo	er viele Möglichkeiten	hat.
Er hätte gern einen Sportverein,	in dem	er Fußball	spielen kann.
Das ist genau die Jacke,	von der	ich so lange	geträumt habe.

Eingeschobene Relativsätze
Stefan, **der ein Eishockeyspieler ist**, hat zehn Tage in einem Sportcamp verbracht.
Stefan hat mit seinem Freund Mike, **den er in der Hockeymannschaft kennengelernt hat**, zehn Tage in einem Sportcamp verbracht.

Verben

Präsens

	sein	haben	werden	singen	fahren	essen	wissen
ich	bin	habe	werde	singe	fahre	esse	weiß
du	bist	hast	wirst	singst	fährst	isst	weißt
er/es/sie	ist	hat	wird	singt	fährt	isst	weiß
wir	sind	haben	werden	singen	fahren	essen	wissen
ihr	seid	habt	werdet	singt	fahrt	esst	wisst
sie/Sie	sind	haben	werden	singen	fahren	essen	wissen

Verben mit Vokalwechsel aus Logisch! A1, A2 und B1

a → ä abschlagen, anfangen, auffallen, ausfallen, durchfallen, einladen, enthalten, erfahren, erhalten, fahren, fallen, fangen, gefallen, halten, laufen, loslassen, raten, schlafen, tragen, überfallen, (sich) unterhalten, (sich) verhalten, verlassen, verraten, vertragen, vorschlagen, wachsen, waschen

e → i angeben, aufgeben, aufnehmen, auftreten, besprechen, betreten, bewerben, empfehlen, essen, fressen, geben, helfen, lesen, nehmen, sehen, sprechen, stechen, stehlen, sterben, teilnehmen, treffen, übernehmen, vergessen, wegwerfen, werfen, widersprechen

trennbare Verben	untrennbare Verben
Wann **fängt** die Schule **an**? Ich möchte wissen, wann die Schule **anfängt**. Die Schule hat schon **angefangen**.	Warum **verliert** er immer alles? Ich möchte wissen, warum er immer alles **verliert**. Er hat seine Schlüssel **verloren**.
Präfixe: an-, ab-, aus-, auf-, ein-, mit-, vor-, vorbei-, zurück-, weiter-	**Präfixe:** be-, emp-, ent-, er-, ge-, ver-

Imperativ

	du	ihr	Sie	Aufforderung im Infinitiv
kommen	Komm!	Kommt!	Kommen Sie!	Bitte kommen!
nehmen	Nimm!	Nehmt!	Nehmen Sie!	Bitte nehmen!
zeichnen	Zeichne!	Zeichnet!	Zeichnen Sie!	Bitte zeichnen!
sich konzentrieren	Konzentrier dich!	Konzentriert euch!	Konzentrieren Sie sich!	Konzentrieren!
aufräumen	Räum auf!	Räumt auf!	Räumen Sie auf!	(Bitte) aufräumen!

Modalverben im Präsens

	können	müssen	wollen	dürfen	sollen
ich	kann	muss	will	darf	soll
du	kannst	musst	willst	darfst	sollst
er/es/sie	kann	muss	will	darf	soll
wir	können	müssen	wollen	dürfen	sollen
ihr	könnt	müsst	wollt	dürft	sollt
sie/Sie	können	müssen	wollen	dürfen	sollen

möchten

ich möchte
du möchtest
er möchte …

Möchtest du Pizza (essen)?
Was möchtest du kaufen?

Präteritum

Ich war in den Ferien auf Mallorca. Wir hatten tolles Wetter und es gab jeden Tag eine Party.

Ich musste im Café arbeiten, aber das machte auch Spaß. Ich bekam richtig viel Trinkgeld.

	sein	haben	Modalverb: dürfen	regelmäßig: spielen	unregelmäßig: schlafen	trennbar: aufnehmen
ich	war	hatte	durfte	spielte	schlief	nahm auf
du	warst	hattest	durftest	spieltest	schliefst	nahmst auf
er/es/sie	war	hatte	durfte	spielte	schlief	nahm auf
wir	waren	hatten	durften	spielten	schliefen	nahmen auf
ihr	wart	hattet	durftet	spieltet	schlieft	nahmt auf
sie/Sie	waren	hatten	durften	spielten	schliefen	nahmen auf

Perfekt

Julia und Eva	sind	jeden Tag zum Strand	gegangen.
Warum	habt	ihr so viel	eingekauft?
Jonas	hat	eine Party	gemacht.
	Position 2: *haben, sein*		**Satzende** **Partizip II**

Perfekt mit *sein*:
- von A nach B: Ich **bin** nach Hause gegangen. Er **ist** von Bern nach Berlin gefahren.
- etwas wird anders: Ich **bin** eingeschlafen. Was **ist** passiert?

Formen Partizip II

Regelmäßige Verben: machen – **ge**mach**t**, arbeiten – **ge**arbeit**et**, …

Unregelmäßige Verben:
- wissen – gewusst, kennen – gekannt, bringen – gebracht, denken – gedacht, …
- gehen – gegangen, essen – gegessen, lesen – gelesen, schreiben – geschrieben, …
- passieren – passiert, telefonieren – telefoniert, …

Plusquamperfekt

Paul	hatte	in der Schule alles	mitgeschrieben.
Zu Hause	hatte	er an seinem Schreibtisch	gearbeitet.
Am Abend vor der Prüfung	war	er früh ins Bett	gegangen.

Futur I

Ihr	werdet	euch lange nicht	sehen.
Ein großes Flugzeug	wird	dich über das Meer	tragen.
Du	wirst	später eine Familie	haben.
	Position 2: *werden*		**Satzende: Infinitiv**

Konjunktiv II

	sein	haben	werden	können	müssen	sollen
ich	wäre	hätte	würde	könnte	müsste	sollte
du	wärst	hättest	würdest	könntest	müsstest	solltest
er/es/sie	wäre	hätte	würde	könnte	müsste	sollte
wir	wären	hätten	würden	könnten	müssten	sollten
ihr	wärt	hättet	würdet	könntet	müsstet	solltet
sie/Sie	wären	hätten	würden	könnten	müssten	sollten

Irrealer Wunsch
Ich wäre gern die beste Sängerin.
Höfliche Frage
Würde dir das Festival Spaß machen?
Vorschlag
Ich hätte am Donnerstag Zeit.
Etwas wünschen: *hätte + gern*
Ich hätte gern einen Bruder und eine Schwester.

Höfliche Bitten: *könnte* + Infinitiv
Könntest du bitte leise sein?
Könnten Sie bitte draußen telefonieren?
Einen Rat geben: *würde* + Infinitiv
○ Ich habe Halsschmerzen.
● Ich würde viel Tee trinken.
Vorschläge machen: *sollte*
Er sollte einen Schüleraustausch machen.

Irreale *wenn*-Sätze

Wenn Keiko in Japan	wäre,	würde	sie eine Schuluniform	tragen.
Wenn ich eine Geldkarte	hätte,	könnte	ich ein Brötchen	kaufen.
Wenn ich Zeit	hätte,	wäre	ich gern dabei.	
	Verb: Konj. II	**Verb: Konj. II**		**Satzende**
Nebensatz		**Hauptsatz**		

Passiv: Präsens und Präteritum

Das Jugendzentrum	wird	–	renoviert.
Zwei Sofas	werden	in den Raum	getragen.
Vor dem Konzert	wurden	die Instrumente auf die Bühne	gebracht.
Zwei Stunden lang	wurde	ohne Pause Musik	gemacht.
	Position 2: _werden_		**Satzende: Partizip II**

Artikelwörter und Substantive

Formen im Nominativ

	der	das	die	die (Pl.)	
ein, eine	Das ist **ein** Rucksack.	Das ist **ein** Handy.	Das ist **eine** Tasche.	Das sind	☐ Rucksäcke. ☐ Handys. ☐ Taschen.
kein, keine	Das ist **kein** Bleistift.	Das ist **kein** Buch.	Das ist **keine** Brille.	Das sind	**keine** Bleistifte. **keine** Bücher. **keine** Brillen.
der, das, die	**Der** Rucksack ist schwer.	**Das** Handy ist blau.	**Die** Tasche ist braun.	**Die**	Rucksäcke Handys sind neu. Taschen
dieser, dieses, diese	**Dieser** Rucksack ist zu schwer.	**Dieses** Handy ist kaputt.	**Diese** Tasche ist braun.	**Diese**	Rucksäcke Handys sind toll. Taschen

irgendein / irgendwelche
Ich brauche irgendeinen Job in irgendeinem Geschäft. Er hat irgendwelche Spiele gekauft.

Der bestimmte Artikel _der, das, die_ und der unbestimmte Artikel _ein, eine_

	der	das	die	Plural
Nominativ	der	das	die	die
Akkusativ	den	das	die	die
Dativ	dem	dem	der	den
Genitiv	des	des	der	der

	der	das	die	Plural
Nominativ	ein	ein	eine	☐
Akkusativ	einen	ein	eine	☐
Dativ	einem	einem	einer	☐
Genitiv	eines	eines	einer	☐

Dativ Plural mit _-n_:
der Mantel, die Mäntel – mit Mänteln, …
der Lehrer, die Lehrer – mit Lehrern, …
Dativ Plural ohne _-n_:
das Handy, die Handys – mit Handys, …

Genitiv _-s_:
der König, die Tochter des Königs
das Spiel, alles Level des Spiels

Genitiv bei Eigennamen

Name + Genitiv-*s*	Name + Apostroph	*von* + Name
Frau Müllers Motorrad, Robbies Mikrofon, Pias Hund Plato	Frau Eiles' Tee, Lukas' Buch, Moritz' Freunde, Alex' Handy	der Tee von Frau Eiles, die Freunde von Lukas, Moritz und Alex

Substantive mit Endung -(e)n

	Singular	
Nominativ	der / ein	Bär
Akkusativ	den / einen	Bären
Dativ	dem / einem	Bären
Genitiv	des / eines	Bären

Plural	
die / –	Bären
die / –	Bären
den / –	Bären
der / –	Bären

Andere Substantive auf -(e)n:
Löwe, Elefant, Affe; Mensch, Junge, Kollege, Name, Herr, Kunde, Bauer, Architekt Polizist, Tourist, Student, Präsident, Patient, Astronaut, Praktikant

Negationsartikel: *kein, keine*

	der	das	die	Plural
Nominativ	kein	kein	keine	keine
Akkusativ	keinen	kein	keine	keine
Dativ	keinem	keinem	keiner	keinen
Genitiv	keines	keines	keiner	keiner

Keine Macht der Welt kann die Prinzessin retten.

Wir wollen keinen Streit.

Possessivartikel *mein, dein, sein ...* im Nominativ

Personalpronomen:	ich	du	er	es	sie	wir	ihr	sie	Sie
Possessivartikel: der/das	mein	dein	sein	sein	ihr	unser	euer	ihr	Ihr
Possessivartikel: die (Sg.)/die (Pl.)	meine	deine	seine	seine	ihre	unsere	eure	ihre	Ihre

Possessivartikel im Akkusativ und Dativ

der	ein / mein Stift	einen / meinen Stift	mit einem / meinem Stift
das	ein / mein Fahrrad	ein / mein Fahrrad	mit einem / meinem Fahrrad
die	eine / meine Flöte	eine / meine Flöte	mit einer / meiner Flöte
die (Pl.)	– – – / meine Schuhe	– – – / meine Schuhe	mit – – – / meinen Schuhen
	Nominativ	**Akkusativ**	**Dativ**

Das ist **ihr** Stift. Sie nimmt **ihren** Stift. Sie schreibt mit **ihrem** Stift.

Demonstrativartikel

	Nominativ	Akkusativ	Dativ
der	derselbe Füller	denselben Füller	mit demselben Füller
das	dasselbe Spiel	dasselbe Spiel	mit demselben Spiel
die	dieselbe Jacke	dieselbe Jacke	mit derselben Jacke
die (Pl.)	dieselben Probleme	dieselben Probleme	mit denselben Problemen

Das ist **derselbe** Füller. Ich habe **denselben** Füller gekauft und mit **demselben** Füller geschrieben.

Unbestimmte Zahlwörter

alle, viele, manche, einige, wenige: Alle Spieler spielen ohne Schuhe. Er hat viele Freunde.
Mit manchen Leuten spielt er nicht gern.

Personalpronomen

Nominativ	ich	du	er	es	sie	wir	ihr	sie/Sie
Akkusativ	mich	dich	ihn	es	sie	uns	euch	sie/Sie
Dativ	mir	dir	ihm	ihm	ihr	uns	euch	ihnen/Ihnen

Ich mag Musik.
Sie singt in einer Band.

Ich rufe **dich** an.
Ich treffe **euch** morgen.

Er hat ein Problem, wir helfen **ihm**.
Der Pullover steht **ihr** gut.

Pronomen und Substantive: Stellung im Satz

		2 Nomen:	Dativ vor Akkusativ		
Finn und Emma	geben		Felix	ein großes Geschenk.	
		1 Pronomen:	**Pronomen vor Nomen**		
Emma	bringt		ihm	einen Kuchen	mit.
Sie	zeigt		ihn	Felix	ganz stolz.
		2 Pronomen:	**Akkusativ vor Dativ**		
Sie	gibt		ihn	ihm	aber später.

Reflexivpronomen: Akkusativ und Dativ

	Akkusativ	Dativ
ich	euch	mir
du	sich	dir
er/es/sie	sich	sich

	Akkusativ	Dativ
wir	uns	uns
ihr	euch	euch
sie/Sie	sich	sich

Ich wasche mich. Mein Bruder kämmt sich. Wir föhnen uns. Ihr zieht euch an. Papa und Mama freuen sich.

Unbestimmte Pronomen

irgendwer, irgendwas, irgendwo, irgendwann, irgendwie:
Was machst du heute Abend? – Ich weiß nicht. Irgendwas. Vielleicht besuche ich irgendwen.

Adjektiv

Adjektive nach Artikelwörtern *der, das, die, dieser, dieses, diese, jeder, jedes, jede …*

	der Mantel	**das** T-Shirt	**die** Hose	**die** Kleider **(Pl.)**
Nominativ	der neu**e**	das neu**e**	die neu**e**	die neu**en**
Akkusativ	den neu**en**	das neu**e**	die neu**e**	die neu**en**
Dativ	dem neu**en**	dem neu**en**	der neu**en**	den neu**en**

Ich mag den/diesen neu**en** Mantel.
Linda hat den schönst**en** Mantel gekauft.
Alle gut**en** Mäntel sind teuer.

Ich packe die/diese neu**e** Hose ein.
Sie geht in der/dieser neu**en** Hose aus.
Zu jeder/mancher kurz**en** Hose gibt es ein T-Shirt gratis.

Adjektive nach Artikelwörtern *ein, eine, kein, keine, irgendein, irgendeine* und Possessivartikeln

	der Mantel	**das** T-Shirt	**die** Hose	**die** Kleider **(Pl.)**
Nominativ	ein kein neu**er** mein	ein kein neu**es** mein	eine keine neu**e** meine	– neu**e** keine neu**en** meine neu**en**
Akkusativ	einen keinen neu**en** meinen	ein kein neu**es** mein	eine keine neu**e** meine	– neu**e** keine neu**en** meine neu**en**
Dativ	einem keinem neu**en** meinem	einem keinem neu**en** meinem	einer keiner neu**en** meiner	– neu**en** keinen neu**en** meinen neu**en**

Das ist kein neu**es** T-Shirt, aber ich trage einen neu**en** Mantel und neu**e** Schuhe. Wie sehe ich mit meinen neu**en** Sachen aus? Unsere arm**en** Eltern! Sie hatten keine schön**en** Klamotten, sondern nur irgendwelche bunt**en** Jacken und Röcke und schrecklichst**e** Schuhe!

Adjektivendungen nach Nullartikel

	der Mantel	**das** T-Shirt	**die** Hose	**die** Kleider **(Pl.)**
Nominativ	der neu**er**	das neu**es**	die neu**e**	die neu**e**
Akkusativ	den neu**en**	das neu**es**	die neu**e**	die neu**e**
Dativ	dem neu**en**	dem neu**en**	der neu**er**	den neu**en**

Neu**er** Mantel zu verschenk**en**!   Neu**e** Kleider ganz billig!   Neust**es** Design!

Adjektiv + *sein*

Mein Freund ist cool. Meine Freundin ist super. Meine Eltern sind nett.

Adjektivsteigerung: *schnell, schneller, am schnellsten*

schnell	schneller	am schnellsten		gut	besser	am besten
beliebt	beliebter	am beliebt**est**en		gern	lieber	am liebsten
jung	j**ü**nger	am j**ü**ngsten		hoch	h**öh**er	am h**öch**sten
alt	**ä**lter	am **ä**lt**est**en		groß	gr**öß**er	am gr**öß**ten

Vergleichssätze mit *wie* und *als*

Die Katze ist (nicht) **so alt wie** der Hund.   Das Pferd ist (nicht) **älter als** der Hund.

Vergleichssätze mit *je – desto*

Je weniger Strom man verbraucht, **desto** mehr Geld kann man sparen.

Präpositionen

Akkusativ	Dativ	Genitiv
für, ohne	aus, von, bei, mit, nach, seit, zu	trotz, wegen, während

Diese Schokolade ist **für** mich.   Ich gehe **ohne** dich nicht weg.   Ich komme gerade **aus** der Schule.
Kannst du **von** deinen Ferien erzählen?   **Trotz** der Kälte findet Corinna den Winter super.
Große Teile des Waldes sind **wegen** des Sturms total zerstört.

Präpositionen mit Akkusativ oder Dativ

	Wohin? – mit Akkusativ	*Wo?* – mit Dativ
in	Ich gehe **in die** Schule.	Ich bin **in der** Schule.
an	Ich stelle den Rucksack **an die** Wand.	Der Rucksack steht **an der** Wand.
auf	Ich lege die Tasche **auf den** Tisch.	Die Tasche liegt **auf dem** Tisch.
über	Markus hängt die Lampe **über den** Tisch.	Die Lampe hängt **über dem** Tisch.
unter	Die Katze läuft **unter das** Bett.	Die Katze schläft **unter dem** Bett.
neben	Ina legt das Handy **neben den** Nintendo.	Das Handy liegt **neben dem** Nintendo.
zwischen	Ich lege den Brief **zwischen die** Bücher.	Der Brief liegt **zwischen den** Büchern.
vor	Ich stelle die Schuhe **vor die** Tür.	Die Schuhe stehen **vor der** Tür.
hinter	Der Hund läuft **hinter das** Auto.	Der Hund steht **hinter dem** Auto.

Pronominaladverb: *da(r)-*

ausgeben **für** – Sie gibt Geld **dafür** aus.
achten **auf** – Sie achtet **darauf**.

Angst haben **vor** – Ich habe Angst **davor**.
nachdenken **über** – Denkst du **darüber** nach?

mit r (vor Präpositionen mit Vokalen): daran, daraus, darin, darum, darüber, darunter

W-Fragen mit Präpositionen *(Worauf, Wofür, ...)* siehe S. 68.

Fragen mit *welch-?*

der	Welcher Pullover	steht	mir?
das	Welches T-Shirt	gefällt	dir?
die	Welche Hose	ist	besser?
die	Welche Schuhe	passen?	
	Nominativ	**Pos. 2: Verb**	

Welchen Pullover	nimmst	du?
Welches T-Shirt	kaufst	du?
Welche Hose	meinst	du?
Welche Schuhe	kaufst	du?
Akkusativ	**Pos. 2: Verb**	

Über Grammatik sprechen

Beispiele	Bezeichnung
a, b, c, d, e, f, g, ...	der Buchstabe
b, c, d, f, g, h, j, ...	der Konsonant
a, e, i, o, u	der Vokal
ä, ö, ü	der Umlaut
Ich / eine / Tasche / kaufen	das Wort
Ich kaufe eine Tasche.	der Satz
Was ist das? Wo wohnst du?	die Frage: die W-Frage
Hast du Zeit? Kommst du?	die Ja-/Nein-Frage
Weißt du, wie spät es ist? Wissen Sie, ob es regnet?	die indirekte Frage
Mach das! Hört zu! Wiederholen Sie bitte!	die Aufforderung
<u>Pia lernt viel</u>, wenn sie einen Test hat.	der Hauptsatz
Pia lernt viel, <u>wenn sie einen Test hat</u>.	der Nebensatz
gehen, kommt, war, trinken, ...	das Verb
gehen, kommen, essen, trinken, ...	der Infinitiv
ich gehe, du gehst, er geht, ...	Formen
können, wollen, müssen, ...	das Modalverb
anrufen, aufstehen, aussteigen, ...	das trennbare Verb
verstehen, entschuldigen, ...	das untrennbare Verb
ich fahre – du fährst, ich lese – du liest	Verb mit Vokalwechsel
sich kämmen – Pia kämmt sich.	das reflexive Verb

Geh! Lies! Lauft! Nehmt! Warten Sie!	der Imperativ
Es ist kalt. Peter muss lernen.	das Präsens
Ali hat Ferien am Meer gemacht.	das Perfekt
Paul hatte in der Schule alles mitgeschrieben.	das Plusquamperfekt
gemacht, gegangen, gebracht, telefoniert, …	das Partizip II
machen – gemacht, warten – gewartet, …	regelmäßige Verben
gehen – gegangen, bringen – gebracht, …	unregelmäßige Verben
Das war schön. Er hatte Spaß. Er wollte länger bleiben.	das Präteritum
der Rucksack, das Handy, die Tasche	das Substantiv
der Rucksack, ein Handy, keine Tasche	Singular
die Rucksäcke, Handys, keine Taschen	Plural
der, das, die	der Artikel
der, das, die; ein, eine; kein, keine; dieser, dieses, diese	Artikelwörter
der, das, die	der bestimmte Artikel
mein, dein, sein, …	der Possessivartikel
ich, du, er, es, sie, …	das Personalpronomen
ich kämme mich, du kämmst dich, er kämmt sich …	das Reflexivpronomen
irgendwer, irgendwas, irgendwann …	unbestimmte Pronomen
alle, viele, einige, manche, wenige	unbestimmte Zahlwörter
weiß, alt, schön, cool, schnell …	das Adjektiv
schneller als …, so schnell wie …	der Vergleich
am schnellsten, am ältesten	der Superlativ
schneller, am schnellsten, der schnellste	Formen, Adjektivformen
Das Pferd ist schneller als der Hund.	der Vergleichssatz
der braune Mantel, die blauen Schuhe	Adjektive mit dem bestimmten Artikel
ein brauner Mantel, ☐ blaue Schuhe	mit dem unbestimmten Artikel
brauner Mantel, in braunem Mantel	ohne Artikel
der braune Mantel, die roten Schuhe	die Endung
für, mit, ohne, von, in, an, …	die Präposition
in, an, auf, …: Ich gehe in die Stadt. Ich bin in der Stadt.	die Wechselpräposition
Ich wohne in Berlin. Er kommt aus der Türkei.	die Ortsangabe
Wann kommst du? – Um 8 Uhr am Abend.	die Zeitangabe
Wer?, Wo?, Wohin?, Was?, Wann?, Wie?, Warum?, Welch-?	das Fragewort, das W-Wort
daran, dafür, damit, darüber, davon …	das Pronominaladverb
Es regnet und es ist kalt. Es regnet, deshalb bin ich nass.	das Verbindungswort, der Konnektor
Der Mann, ein Baby, keine Frau lacht.	der Nominativ
Ich sehe den Mann, ein Baby, keine Frau.	der Akkusativ
Wir helfen dir! Ich spreche mit dem Kind.	der Dativ
Noras Buch, die Macht des Zauberers	der Genitiv